日本野球の源流

― ベースボールの誕生・伝来から明治野球の発展へ

岡野　進　著

右文書院

まえがき

本書執筆中の令和元（２０１９）年7月24日、「２０２０東京五輪」開催まで1年と迫った。「２０２０東京五輪」では、幸いにも「野球」が正式種目として採用されることになった。前々回のロンドン（２０１２年）、前回のリオデジャネイロ（２０１６年）と二度にわたって採用されなかっただけに、東京オリンピックでの採用は、野球関係者のみならず多くの野球ファンにとって大変喜ばしいことであろう。

参考までに、これまでのオリンピックでの日本チームの成績を振り返ってみると、１９８４年のロサンゼルスでは公開競技ながら「金」、１９９２年バルセロナから正式種目となり「銅」、１９９６年アトランタでは「銀」、２０００年シドニーでは「４位」、２００４年アテネでは「銅」、そして２００８年の北京では「４位」であった。

果たして、自国開催となる今回の日本チームの成績は、どうなるであろうか？　そこで「２０２０東京五輪」の野球の日程であるが、7月29日が福島県営あずま球場で、また7月30日～8月8日が横浜スタジアムで開催されることになっている。

ところで、今やわが国を代表する人気スポーツとなった野球であるが、初めから今の野球が行われていたわけではない。今の野球は、これまで長い年月を経て進化・発展を重ねてきた結果、存在しているのである。

そこで本書は、今の野球（ベースボール）がいつアメリカで始められ、その後日本に伝えられ、それが明治期において、どのような経過を辿って発展していったかという命題に答えるために、著そうとしたものである。

本書は、第1章～第6章まで、計6章で構成した。

第1章は「アメリカ近代ベースボールの誕生と発展」とし、誕生の定説とその後の普及・発展について、また大リーグの成立について述べた。

第2章は「ベースボールの日本伝来とその後」とし、伝来の定説と、伝来して間もないころのベースボールのさまざまな出来事について述べた。

第3章は「正岡子規とベースボールを通して」とし、プレーヤーとしての子規の活躍、子規のベースボール解説ならびに子規が書いた日本最古の「勝負附（スコアシート）」などについて述べた。また、子規のベースボール俳句（九句）・短歌（九首）も紹介した。

第4章は「一高野球部の発展と覇権確立」とし、一高野球部の発展経過を述べるとともに、応援団の成立と問題、日本最初の国際試合（日米戦）、一高・三高対校戦の始まりなどについて述べた。

第5章は「慶應義塾・早稲田大学野球部の創設と躍進」とし、新たに一高から覇権を奪った両校野球部の躍進の経過、早慶戦の始まりと中止、早稲田（早大）の日本初の海外（アメリカ）遠征や科学的野球の導入などについて述べた。

第6章は「明治期（末）の野球への注目と話題」とし、同志社・三高・五高野球部の状況について、また中等学校（現高等学校）の普及状況や全国大会に向けての動向、さらには日本初のオリンピック代表となった三島弥彦の学習院時代における野球部員としての活躍や新たに（民間のスポーツ団体として）登場した天狗倶楽部の野球界への貢献などについて述べた。

本書執筆に当たっては、できるだけ多くの関連文献や資料、現地調査に当たり、克明に調べることに務めた。また本書を、できるだけ具体的に分かりやすくしたいとの思いから、本文内容に即した写真、図、表を多く用いることに努めた。

本書をお読みいただき、「日本野球の源流」となる「明治野球の発展（史）」を理解していただくことから、野球・ベースボールにいっそう興味・関心をもっていただければ幸いである。また、著者の前作は『正岡子規と明治のベースボール』（創文企画・２０１６）である。本書と併せて、お読みいただければ誠に幸いである。

目　次

まえがき　(1)

第1章　アメリカ近代ベースボールの誕生と発展
1　ベースボールの始まり……1
2　初の規約（ルール）……4
3　21点先取制から9イニング制へ……9
4　南北戦争による全土への普及（拡大）……10
5　プロ・チームの誕生と大リーグの創設……17
6　ベースボールの発展史……20

第2章　ベースボールの日本伝来とその後
1　日本伝来……28
2　日本初の野球倶楽部……38

第3章　正岡子規とベースボールを通して
1　プレーヤー子規の活躍……45
2　一中ベースボール会を退く……56
3　子規のベースボール俳句・短歌……67
4　「野球（の・ボール）」と「野球（やきゅう）」……71
5　子規のベースボール解説……74
第4章　一高（第一高等中学・高等学校）野球部の発展と覇権確立
1　一高ベースボール・野球部……79
2　一高・三高対校戦……123
3　一高野球部の存在価値……139
第5章　慶応義塾・早稲田大学野球部の創設と躍進
1　慶応義塾野球部……141
2　早稲田大学（早大）野球部……152
3　早慶戦中止へ……167
4　早慶野球部新時代……173

5　学生野球（三－六大学）リーグ結成……182

第6章　明治期（末）の野球への注目と話題
1　国内の学校野球部の状況……185
2　中等学校（中学校・現高等学校）の状況……192
3　初のオリンピック代表「三島弥彦」と野球……201
4　天狗倶楽部の登場……208
5　日本運動倶楽部の設立……212
6　野球殿堂入りした明治期の野球人……215

註釈　216
引用・参考文献　225
写真・図・表「出所」一覧　229
あとがき　231

第1章　アメリカ近代ベースボールの誕生と発展

1　ベースボールの始まり

ベースボールは、イギリスで行われていたクリケットやラウンダースが移民団によってアメリカ大陸に持ち込まれ、キャットボールやタウンボールといった子供や大人の遊びとして親しまれるなか、プレーヤー数の増加に伴って誕生したとされている。

ベースボールの起源については当初、「1906年、スポルディングの提案によって、A・G・ミルズを委員長とする『起源調査委員会』が結成され、ベースボール誕生についての調査が行われた。そして翌1907年同委員会は、（略）①（略）考案者は、アブナー・ダブルディーである。②（略）1839年に初めてクーパスタウンで行われた。」（嘉戸脩編『話題源体育』464頁）とされていた。

著者も長い間、アメリカではベースボールが1839年、アブナー・ダブルディーによって考案されたと思っていた。

しかし、どうやらこの誕生説は正しくなかったようで、平出隆『ベースボールの詩学』

は「クーパスタウンは、ベースボールの草創の地ではなかった。アブナー・ダブルディーはベースボールの発明者ではなかったのである。(略)ダブルディーは1839年には、ウェスト・ポイントの陸軍師官学校にいて、クーパスタウンにはいなかった。そして、一時的にせよ、帰省した事実もなかったことを、1911年にニューヨーク図書館で始められたベースボール起源調査において、ロバート・W・ヘンダーソンが明らかにしたのであった。」(97—98頁)と述べている。

そして、平出『前掲書』は「近代ベースボールの誕生はいまでは1845年とするのが定説となっている。」(42頁)と述べるとともに、「ニューヨーク市にニッカー・ボッカーズ・クラブという同好会が組織された。アレグザンダー・ジョイ・カートライトはその創始者であり、それまでの人々のあいだで、まちまちに遊ばれていたルールを、はじめて、ひとつの書かれた体系にまとめあげた」(44頁)のが、近代ベースボールの始まり(誕生)であったと述べている。

1846年、4月10日の聖金曜日が彼らのシーズン開けとなった。新たなメンバーが4人増えていた。そして6月19日、ニッカー・ボッカーズの連中は、新ルールによる最初の試合を戦った。ところが、ニッカー・ボッカーズは23対1という思いがけない大差で敗れてしまい、ナインはしばらく試合が組めないほどのショックを受けたのである。ちなみに相手チームは、ニューヨーク・ナイン・クラブであった。

このときのルールは（現在の9イニング制ではなく）21点を取れば勝利するというものであったが、先の試合結果が21点ではなく23点となっているのは、どうやらその試合の決まりとして、ゲーム終了時に両チームの打者のアウト数が、同数でなければならなかったからである。


ところで内田『ベースボールの夢』によると、1846年6月19日の試合は決して新ルール（21点先取制）による最初の試合ではなかったとし、「一八四五年一〇月二二日のゲームのスコアー表によると、ゲームは四回で決着がつき（略）24対4で、ニューヨーク・ボール・クラブがブルックリン・プレーヤーズに勝った。このゲームでアウト（ハンド・アウト）の数は両チームとも12だった。」（65頁）と述べている。また、佐山和夫『野球とニューヨーク』は「一八四五年の秋にニッカー・ボッカーズがそこで行なったベースボール・ゲームは、少なくとも一四」（24頁）であったと述べている。

そうなると、1846年6月19日のニッカー・ボッカーズ対ニューヨーク・ナイン・クラブの試合は、新ルールによる最初の試合ではなかったということになるが、どうしてこの6月19日の試合が、新ルールによる最初の試合とされているのか、その理由は明白でない。

2 初の規約（ルール）

「1845年9月23日にルールブックを完成させた」（池井優『大リーグ観戦事典』15頁）ニッカー・ボッカーズの規約（A・J・カートライト作成）は20条からなっていた。そのプレーに関するルールは、次の通りであった。

第一条　メンバーは競技のために取り決めた時間を遵守し遅刻なく参加しなければならない。

（略）

第四条　塁間は、本塁から二塁まで四十二ペイスで、一塁から三塁までも等距離とする。

（略）

第八条　ゲームの勝敗は21点をとることで決着する。しかし、結果的に、双方が同じ数のハンド（アウト）を課さなければならない。

第九条　ボールは打者に対して、肘を伸ばして下手から拋る（pitch する）こと。けっして上から投げて（throw）はならない。（注：投手は下手投げで打者が打ちやすいボールを投げていた。）

第十条　フィールド外に打ち出されたり、一塁または三塁より外に出たボールは、ファールとなる。

第十一条　空振り三振した場合、（略）キャッチャーが取れなかったらフェアとなり、打者は走り出さなければならない。
第十二条　打ったりチップしたボールが、フライであろうとワン・バウンドであろうと捕球されたら、打者はアウトとなる。
第十三条　（略）走者が塁に到達する前に、ボールが塁上の敵手にわたった場合、もしくは、ボールをタッチされた場合は、アウトとなる。ただし、ボールを投げつけてはならない。
（略）
第十五条　三選手がアウトになったら、一回の攻撃が終る。（注：スリー・アウト制）
（略）
第十七条　ファールのときには、得点も進塁もできない。
（略）
第十九条　ピッチャーがボークをした場合には、走者には一個の塁が与えられる。
第二十条　（略）打球が転がってフィールド外に出た場合には、一個の進塁が許される。
（平出『前掲書』138―140頁）、（『野球殿堂博物館展示資料』）（著者傍線）

右、史上初のベースボール規約は、今からしても実によくできたものであると思う。ただ、今とは違うルールも幾つかあった。例えば、試合は（9イニング制ではなく）「21点先取制」であったこと。また、ピッチャーは「肘を伸ばして下から抛る」下手からの投球であったこと。さらには「打球は、ワン・バウンド捕球すればアウトになった」ことである。ここで、勘違いしていけないことは「カートライトが（略）塁間九〇フィート、一チーム九人制、一ゲーム九回制という（略）いわゆる三つの『9』をつくりだしたと思うかもしれない。しかし（略）一八四五年のニッカー・ボッカーズのルールにはまだ存在していなかった。」（内田『前掲書』66頁）ということである。また、内田『前掲書』によると、カートライトのルールには「塁間」距離は明確に規定されていなかったこと、一チーム何人で試合をするのかという規定もなかったということである。実際、1846年のニッカー・ボッカーズの（初めての）試合は8人で行われている。

ここで、右引用文中の傍線部について述べておきたい。

まずは「塁間」についてである。第四条にある「ペイス」は、pace（一歩）のことである。平出『前掲書』は「対角線の長さが四十二ペイスというダイヤモンドを描いてみて、その塁間を測ると、九十フィートとなる。これは現在の塁間距離と全く同じ長さなのである。驚くべきことに、ニッカー・ボッカーズ時代から今日まで、この距離は、一インチも変えられていない。この距離が盗塁や併殺における紙一重のクロスプレイを生み、いまも人々の熱狂を呼び起こしているのである。」（145頁）と述べている。

しかし、この塁間距離90フィートは、どのようにして生み出されたのであろうか？ 一説には、円の中心角度は360度、同じ数字をフィートの単位に変えて、360フィートをベース1周の距離とした（1フィートが円の1度分の弧に当たる）と言われている。またカートライトが、塁間を一辺30歩（90フィート）と決めたとも言われている。

そこで、ランナーの走力は、以前よりもかなり速くなっているのに、なぜ塁間距離は同じなのか（長くしないのか）？と思われるかもしれないが、ランナーの走力が向上した分、打撃や投げるスピードも増しているので両者は拮抗する。よって、塁間距離は（時代が経過しても）変える必要はなかったと考えられる。


次に、第十三条に「ボールを投げつけてはならない」というルールがわざわざ付記されていることである。この点について、平出『前掲書』は「それまでのワン・オールド・キャットといった子供たちの遊び、そしてタウン・ボールと呼ばれる大人たちの遊びなどから、ベースボールを画然と切り離すことになった。それまでは身体に当たったときに危険だからと用いられなかった、硬くて反溌力のあるボールがつかわれるようになったからである。ボールの質的な変化が、ゲームにスピードと荒々しさといった、スポーツの要件を付け加えた。（略）この新しい規則は、ベースボールというゲームそのものを大人に仕立てた、きわめて画期的な改変であったと言えるのである。」(144頁) と述べている。
このように「走者にボールを投げる」ことを禁じたのは、単に安全面を確保しただけでなく、硬くて反発力のあるボールの使用を可能にしたという (ベースボールの進化にとって) 実に大きな意味があったということである。ちなみに、この後大きくて軟らかいボールが、次第に小さく硬く、より飛ぶボールへと変化していったようであり、1872 (明治5) 年には現在と同じ「重さ5〜5・4分の1オンス (141.7〜148.8g)、周囲9〜9・4分の1インチ (22.9〜23.5cm)」(『野球殿堂博物館展示資料』) となったということである。

ところで、内田『前掲書』は「ニッカー・ボッカーズが主導したニューヨーク・ゲームは一八五〇年代に人気を得て中西部地域にも広がっていったが、その間、ルールの追加や改正が幾度か試みられている。一八五四年に承認されたルールは、ニッカー・ボッカーズだけでなく、ゴッサム、イーグルというニューヨークの三つのクラブも正式にその適用を受け入れており (略) ニューヨーク・ルールと呼べるものである。」(69頁) と述べているが、このニューヨーク・ルールでは、これまでのルールの再確認をするとともに、新たに投手の位置はホームから15ペース (約45フィート) 以上離れていることと、プレーヤーはベースを離れているどんなときでも、敵の掌中にあるボールでタッチされるとアウトになるということが付け加えられた。また、その後の1857年には、1ゲームを9回とすることと、ゲームの成立には少なくとも5回を要するというルールが加えられた。

アメリカにおける「9イニング制」の採用は、1857（安政4）年のことで「9イニングで得点の多いチームの勝ち」（池井『前掲書』15頁）とされた。また捕球（アウト）については、1845年から「フェアフライは1864年まで、ファウルフライは1882年まで、ワンバウンドでキャッチすればアウト」（『野球殿堂博物館展示資料』）であったが、1883（明治16）年以降は、フライは全て直接捕球（ダイレクト・キャッチ）しなければアウトでなくなった。

3　21点先取制から9イニング制へ

試合における勝敗の決定が「21点先取制」から「9イニング制」に変わったのは、いかなる理由からだったのであろうか？

この理由について、森能信次『スポーツルールの論理』は「一説によれば、二一点先取制という試合形式ではいつゲームが終るかの予測がつかず、（略）当時の慣習として試合後に催された、ビジタークラブを歓迎するパーティーの準備に大いに支障をきたし、その後接待担当者から苦情が出されて、九イニング制で競われるようになった。」（159頁）と述べているが、ほかにこれといった決定的な理由はなかったようである。

4　南北戦争による全土への普及（拡大）

ニューヨークで近代ベースボールが誕生して間もなく、1858年には「全米ベースボール選手協会（National Association of Base Ball Players = NABBP）」が発足する。「協会に参加するチームは徐々に増えて、南北戦争が始まる前には62チームになっていた。」（島田明『明治維新と日米野球史』28頁）

しかし、この加盟チームは戦争を境に減少していくことになるが、それと同時に戦場では、面白い現象が起こっていた。それは出陣した兵士たちが、戦場でベースボールを行い出したのである。まずは北軍が戦争の合間に行うようになったが、やがて南軍にも広がっていった。

近代ベースボールが誕生して以降、アメリカ全土に広まっていくうえで大きな役割を果たしたのが、実は1861年に始まった「南北戦争（1865年まで）」であった。戦争中は南北両軍とも、戦闘の合間にベースボールは兵士たちによって、熱心にプレーされただけでなく、北軍と南軍間でゲームが行われたこともあった。（写真1）

こうしてベースボールは、戦争終結を期に除隊した兵士たちによって、そして建設の進む鉄道に乗って、またたく間にアメリカ全土へと広まった。まさにベースボール大衆化の始まりであった。南北戦争のこうした貢献を踏まえ、人によっては南北戦争こそ「ベースボールの父」であると言う人もいる。
佐竹弘靖『スポーツの源流』は、南北戦争を挟んだ１８６０年代末までに、ベースボールは「南部や西部の都市まで広がり（略）まさに『野火のように広がった』」と述べるとともに、「１８５７年に25のクラブから全米野球人協会が、南北戦争をはさんだ約一〇年後には所属クラブが91に増え、その翌年（１８６８年）には２０２クラブ、さらにその翌年に２０９と急増した」（69頁）と述べている。

（写真１）南北戦争時のベースボールの様子
－野営地や捕虜収容所で。

写真２（リトグラフ）は、１８６５年（南北戦争終結直後の）８月３日に行われた試合の様子を描いたものである。

この写真の出所は、Baker,William.『Sports in the Western World』(1982)である。Bakerによると「このプリントはCurrier and lives(1866)によるものであり、1846年6月19日、ニッカー・ボッカーズ対ニューヨーク・ナイン・クラブのアメリカ最初の試合の模様である。」と説明されている。しかし、このBakerの説明は間違っていたようであり、内田隆三『ベースボールの夢』によると、このプリント(写真2)は「南北戦争が終わって間もないころ、ブルックリン・アトランティスとニューヨーク・ミューチュルアルズの二試合のうちの第一ゲームで、一八六五年八月三日のゲームに触発され、描かれたものと考えられている。」(60—61頁)とのことである。

よって、この試合は、アメリカで行われた最初の試合から約20年経っているが、写真か

(写真2)ベースボール試合(1865年)の様子

－南北戦争が終わって間もない1865年8月3日の第1ゲーム。

らはそのころのベースボールの様子をうかがうことができる。

そこでその幾つかを挙げてみると、ピッチャーは横向きからの下手投げ（下から抛る）であり、またバッターはバットを、両手を広めに開いて握っている。さらには1・2・3塁手はベース上に立っており、グローブを持っていない（素手）。アンパイア（審判）は一人で、しかもホームベースより離れた右側に立っているし、キャッチャーは立ち腰で、マスクやプロテクターを着けていないことなどである。

こうしてみると、近代ベースボールが始まって約20年を経たころのゲームでは（当初から）あまり変化していないようである。しかし、かなり多くの観衆が詰めかけている。実際にはこのリトグラフに描かれているよりも、もっと多くの観衆が詰めかけていたそうなので、このころのベースボール人気は、かなり高まっていたと思われる。

ここで、一つ気になることがある。塁間の長さ（60フィート6インチ）についてはすでに述べたが、ホームとピッチャー間の距離はいくらであったかということである。これについては、1854年のニューヨーク・ルールで15ペース（45フィート）と決められていたが、松永尚久『前掲書』によると「最初は45フィート（13.72m）であったが、投球技術の進歩とともに距離が伸び、1881年に50フィート（15.24m）となり、1893年に今日と同じ60フィート6インチ（18.47m）になった」（464頁）ということなので、先の

1865年の試合は、45フィートで行われていたことになる。よって、明治5（1872）年に日本に伝えられたホームと投手間の距離は、45フィート（13.72m）だったことになる。

ここで、ピッチャーの投球（ストライクとボールの判定）について、興味深い話があるので紹介しておきたいが、当時の「下から抛る（アンダー・ハンド）投球」についてはバッターに対して「フェアな球」を投げることが重視されていた。この「フェアな球」とは、打者が打てると正当に認められる範囲に投げた球ということであった。

この投球について、内田『前掲書』は「ヘンリー・チャドウィックによる一八六七年版のルール解説では、投手がフェアでない球を投げ続けたとき、アンパイアーは『警告』の意味で、投手に対し『打てるボールを！』（Ball to the bat!）と叫んだ。この警告のあとも、投手がアンフェアな球をくり返し投げ続けたとき、『ボール』という判定が下される。このように『打てるボールを投げろ』という要求が『ボール』という（判定の）意味なのである。他方、打者のほうは投手の投げた球を積極的に打っていくことが期待された。（略）フェアな球がくり返し投げられているのに打てなかった場合、アンパイアーは打者に『警告』を発し、それでも打者がフェアな球を打てなかったときは、たとえ見逃しても『ストライク』と判定（コール）したのである。」（76頁）と述べている。

このように、「ボール」や「ストライク」の本来の意味は、今のストライク、ボールとは違っていたということである。

その後、この「フェアな球」については何度も規定が見直され、やがて１８８７年のルールでは「ストライクの範囲は打者の肩から膝の上まで」とされ、１８８７年には3ストライクで三振とされ、翌１８８９年には4ボールで打者は一塁を得ること（4球ウォーク）と決められたのであった。

ところで、投球法の進化についてはこれまで述べていないが、長い間、下手からの腕を伸ばしてピッチする「フェアな」投球法が続いた。こうしたなか、１８６０年—１８６２年に活躍したジェームス・P・クレイトン投手は驚くような速い球で投球に革命を起こした。１８６０年半ばには、アーサー・カミングがボールの握りと手首の回転を使ってカーブ・ボールを投げ始めた。「１８６０年代の投手は速球派と技巧派という二つのタイプに分かれていた。クレイトンに続いた多くは、ルール通りの投球（ピッチ）ではなく、下手投げのモーションで、速い球を投げた。クレイトンの投法は、腕を曲げ、手首を動かして投げる（スロー）ように見えたので、ルール違反と非難されたが、この速球投法、つまり、『スウィフト・ピッチング』が流行し、やがてルールのほうが死文化していった。」（内田『前掲書』74頁）ということである。

こうした流れから、腕を曲げてのアンダー・ハンド・スローが１８７２年に、正当な投法として認められた。そしてこの後、サイド・ハンド・スローが１８８３年、オーバー・ハンド・スローが１８８４年に認められたことから、これ以降の試合は、現在と同じ投球法で行われることになるのである。（図１）

そこで、１８７０年から１８８０年代のベースボールの普及（広がり）具合はどんなものだったのであろうか？このことについて、佐竹『前掲書』は「すでに、国民的娯楽（national pastime）として認識を得ていたとみなしてよいだろう。（略）農村地方でも（略）地域の人の楽しみになっていた。そして、１８８０年代中ごろまでには、工場や会社もクラブを後援するようになり、植字工対プレス工、職工対染色工、卸売業者対小売業者といったゲームも頻繁に行われていた。こうした草野球が流行した大

（図１）1880年代のベースボール・テキストに描かれた「投球法」・「打者の構え」・「捕球法」

きな理由は、金がほとんどかからず楽しめたということである。」（69—70頁）と述べている。

5　プロ・チームの誕生と大リーグの創設

「オハイオ州シンシナティーに住む一流のプロ・クリケット選手だったハリー・ライトは同市のベースボール・クラブにも参加していた。彼は、クリケットよりも観客を集め、熱狂させているベースボールでプロのチームを作れないかと考えた。そこで彼はクリケット選手だった二人の弟らと共に、68年に史上初めてのプロ・ベースボールチーム『シンシナティー・レッドストッキングズ』（写真3）を作ったのである。（略）69年（略）

（写真3）初のプロ・チーム（1869年）
「シンシナティ・レッドストッキングズ」
－「ひざ下丈のパンツにストッキングとソックスという現在のユニフォームの原型が出来ていた」（野球殿堂博物館展示資料）

レッドストッキングズの遠征は、ボストンからサンフランシスコまで1万2000マイルにおよび、観客動員数も25万人を超えたと言われている。成績も69年は負け無し、70年シーズンにかけて実に69連勝を記録した。」(池井優ら『大リーグ観戦事典』16頁)そうである。しかしこの後連敗したことから、シンシナティ市民の熱は一挙に冷め、入場料だけでチームを維持できなくなり、わずか2年で解散してしまった。

ところで、一時的ではあったが、レッド・ストッキングズの成功は各地にプロチーム創設の気運を高めることになった。1871年には各地でプロチームが創設され、それらのチームを束ねる組織としてNAPBBP(全米プロ・ベースボール選手協会)が設立された。しかし、NAPBBPの運営が杜撰だったことから、それに業を煮やした「シカゴのオーナーで実業家のウィリアム・ハルバートは新リーグの創設を画策した。そして、76年2月2日ニューヨークで新リーグ、ナショナル・リーグ・オブ・プロフェッショナル・ベースボール・クラブ(8球団)を誕生させた。現在の大リーグ、ナショナル・リーグの誕生である。」当時の「入場料は50セント、アルコールは禁止され。1週間に3試合、年間70試合を行ない、シカゴが52勝14敗で優勝した。」(池井ら『前掲書』17頁)

この後、1882年にアメリカン・アソシエーション(AA)が組織される。リーグ運営に不満を持っていたフィラデルフィアなどの6球団が新しいリーグを作ったのである。

その後も、ナショナル・リーグに対抗していくつかのリーグが作られたが長続きせず、けっきょくアメリカン・アソシエーションも1891年に、ナショナル・リーグに吸収合併される。こうして、ナショナル・リーグは1899年まで、12チームで覇権を争うことになったのである。

こうしたなか、1900年になって「マイナー・リーグのウェスタン・リーグ会長バン・ジョンソンは、友人の（略）コミスキー（後のシカゴ・ホワイトソックスのオーナー）の協力を得て、アメリカン・リーグを創設した。（略）そして、旧ウェスタン・リーグから4チーム、新しい4チームを加えた8チームでの船出となり、1901年からリーグ戦を開始した。」（『前掲書』18―19頁）このアメリカン・リーグは、新興ながら人気上々であった。そこで、ナショナル・リーグも25周年記念イベントを繰り広げるなか、1899年には12チームから8チームに編成して再発足することになった。そして、いよいよ1903年、ナ・リーグ（NL）とア・リーグ（AL）間に協定が結ばれ、メジャー・二リーグ制が確立したのである。

そしてこの後、両リーグは興行的成功を収める。この点、佐竹『前掲書』は「20世紀初頭の一〇年間の各リーグの観客動員数は（略）ナ・リーグでは192万31人（1901年）から358万6737人（1910年）、ア・リーグでは168万3584人（1901

年）から369万2260人（1910年）へと増加しているのである。」（74頁）と述べている。また、両リーグ優勝チームが争う1911年のワールド・シリーズの観客数について、内田『前掲書』は「十八万人」（170頁）であったとしている。なお、この二リーグ・8チーム制は、以降50年間続けられた。

ちなみに時代は遥かに進むが、現在の大リーグはナショナル・リーグ（東・中・西部各5チーム）15チーム、アメリカン・リーグ（東・中・西部各5チーム）15チームの計30チームとなっている。

6 ベースボールの発展史

本（第1）章最終項に当たって、これまで述べてきたことと新たな資料・文献によって、アメリカのベースボールの誕生（始まり）から1912（明治45）年までの「ベースボール発展史」を、左記の通りまとめた。これにより、アメリカのベースボールの進化・発展の経過が把握できるとともに、日本の（明治）野球に与えた影響を推しはかることができるであろう。

・1845（弘化2）年（8月23日）カートライトが20条のベースボール・ルール明文化する。

・1846（弘化3）年　(6月19日) 20条ルールによる最初の試合が、ニュージャージー州ホーボーケンのエリジアン・フィールドで行われる。

・1854（安政元）年　ニューヨーク・ゲーム・ルールが決まる。ピッチャーとホーム間が15ペース（約45フィート）となる。

・1857（安政4）年　「9イニング制」（これまでは「21点先取制」）を採用する。

・1858（安政5）年　初のベースボール協会(NABBP)が誕生する。「ボール9球」で一塁が与えられる。

・1860（万延元）年　P・クレイトン投手が、アンダー・ハンドから速球を投げる（ルール違反）。

・1861（文久元）年　南北戦争が始まる（1965年まで）。

・1862（文久2）年　14歳少年ウィリアム・カミングスが（貝殻投げから）カーブを考案する。

・1863（文久3）年　投手用ボックスを採用（1892年廃止）し、ボックスから2度出ると、ボークとしてバッターには一塁が与えられる。ヘンリー・チャドウィックが記録法（ボックススコア）を考案する。

・1865（慶応元）年　南北戦争後、西部や南部にもベースボールが広まる。フェアフライは、直接捕球した場合のみアウトとなった。ただし、ファールフライは、ワンバウンド捕球でもアウトであった（1882年まで）。

◆大政奉還

・1868（明治元）年　NABBPがプロとアマの二種類の選手を公認する。

・1869（明治2）年　ハリー・ライトが最初のプロチーム、シンシナティ・レッド・ストッキングズを誕生させる。バットの長さ42インチ（106.7㎝）以下と決まる。

・1870（明治3）年　バッターにハイボールかローボールを要求する権利が与えられる（1887年廃止）。レッドストッキングズが69連勝を達成する。

・1871（明治4）年　プロ選手たちのナショナル・アソシエーション（NA）が創設される。

・1872（明治5）年　ボール重量が141.7～141.8gとなり、周囲が22・9～23・3㎝（現行と同じ）となる。NAがアンダー・ハンド・スロー（肘を曲げる）を認める。

◆H・ウィルソンが日本にベースボールを伝える。

・1873（明治6）年　野手がフライボールを帽子で捕ることが禁止される。

・1874(明治7)年　◆木戸孝正がボールとバットを日本へ持ち帰る。
・1875(明治8)年　捕手用マスク(フェンシング用モデル)が考案される。チャーチル・G・ウエイトがグラブとミット(つめものなし)を紹介する。
・1876(明治9)年　ナショナル・リーグ(NL)が結成される。スポルディングがスポーツ用品会社を始める。
・1878(明治11)年　スポルディング社が『公式ベースボール案内』を創刊する。◆平岡熙がアメリカから帰国し、初の新橋倶楽部を結成する。
・1880(明治13)年　「ボール8球出塁制」が採用される。
・1881(明治14)年　アメリカン・アソシエーション(AA)が組織される(1895年まで)。「ボール7球出塁制」が採用される。ピッチャーとホームまでの距離が50フィート(15.24m)になる(これまでは45フィート)。
・1883(明治16)年　ピッチャーのサイド・ハンド・スローが可能となる。
・1884(明治17)年　ピッチャーのオーバー・ハンド・スローが可能となる。
・1885(明治18)年　キャッチャーがチェストプロテクターを使用する。
・1887(明治20)年　「ボール5球出塁制」が採用される。ストライクは「肩から膝の上」と規定される。

・1888(明治21)年　ストライク3つで「三振」となる。
・1889(明治22)年　「ボール4球出塁(フォアボール)制」が採用される。
・1890(明治23)年　五角形のホームプレートが採用される。
　◆一高が覇権を握る(—明治38年まで)。
・1891(明治24)年　プレーヤーの試合中の交代がいつでも行えることが認められる。
・1892(明治25)年　ピッチャー・プレート(投手板)が採用される。
・1893(明治26)年　バットは丸い棒でなければならないとされる。ピッチャー・プレートまでの距離が60フィート6インチ(18.47m)となる。
・1894(明治27)年　バントしてファールとなったときはストライクとなる。3バント失敗はアウトとなる。
・1895(明治28)年　2ストライク後、ファールチップをキャッチャーが捕球すればストライクとなり、3ストライク三振となる。バットの太さ直径2.75インチ(7cm)以下となる(2010年、現行の2.61インチ=6.6cm以下になるまで)。
・1896(明治29)年　◆日本初の国際試合となる日米戦(一高対横浜居留外国人)4試合が行われる(一高3勝1敗)。
　●近代オリンピック始まる(アテネ)。

・1899（明治32）年　ピッチャーのボークのルールができ、走者は一塁進塁が認められる。ナショナル・リーグが8チームで再発足する。
・1901（明治34）年　アメリカン・リーグ（AL）が結成され（8チーム）、リーグ戦が始まる。
・1903（明治36）年　ナショナル・リーグ（NL）とアメリカン・リーグ（AL）が協定し、メジャー・二リーグ制が確立される。
◆早慶戦が始まる。
・1904（明治37）年　球団はホームとロードの二種類のユニフォームを用意することになる。
・1905（明治38）年　スポルディングがベースボール起源調査委員会の設置を提案する。
◆早大野球部が日本初のアメリカ遠征をする。
・1906（明治39）年　◆早慶戦中止（大正14年まで）◆一高・三高戦始まる。
・1907（明治40）年　ミルズ委員会がベースボール起源調査結果をまとめる。
・1911（明治44）年　コルク芯のボールが認められる。
・1912（明治45）年　●日本、オリンピック初参加（ストックホルム）。

これまで、本（第1）章ではアメリカのベースボール誕生から、その後の発展経過（概要）を述べて来たが、やがてこのベースボールは明治5（1872）年、日本に伝えられる。そして、その後の日本（明治期）のベースボール・野球の発展に、影響を与え続けることになる。次の第2章からは、ベースボールの日本伝来から明治期の野球の発展について、述べていくことにしたい。

第2章　ベースボールの日本伝来とその後

日本にはもともとスポーツの存在はなく、江戸時代にはからだや心を鍛錬するものとして「武芸」、いわゆる剣術、柔術、水練などが武家の間で行われていた。そして、日本のスポーツは幕末の1859年、横浜が開港し、横浜居留地が設置（1860年）されて以降、「多くの外国人が（略）娯楽やスポーツ活動をはじめ衣食住などの文化が導入された。」（柳下芳史『西洋スポーツ事始』16頁）。

そこで、まずは「洋式競馬、クリケット、ボート、陸上競技、水泳、ライフル射撃の競技会が幕末の1865（元治2）年までの3年間で行われた」（16頁）そうで、その後も、幕末から明治初期にかけて、ヨット、サッカー、テニス、ベースボールといった欧米のスポーツが横浜居留地外国人によって伝えられ、プレーされた。

また一方では、明治5（1872）年、「学制」が公布されると、学校や教会に着任した外国人教師や宣教師が、欧米のスポーツを紹介、指導を始めた。こうしたなかで、外国人教師ウィルソンが、すでにアメリカで広まっていたベースボール（野球）を、明治5年、東京開成学校の学生に指導した。

1　日本伝来

1）定説

ホーレス・ウィルソン

ベースボールは明治5（1872）年、アメリカ人教師ホーレス・ウィルソン〈註1〉（1843―1927）が、東京開成学校（東京大学の前身）で学生たちに教えたのが最初であり、これが（他説を退けて）日本伝来の「定説」とされている。ウィルソンは「アメリカのメイン州コーラム出身で、志願して南北戦争に従軍した」（『日本野球発祥の地（碑文）』（写真4）とあるので、「南北戦争」時にベースボールを習得し（それ以降において修正されたものを）日本へ伝えたものと思われる。

ちなみに先の「碑文」には「同氏が教えた野球（正しくはベースボール、以下同じ）は開成学校から同校予科だった東京英語学校（後の大学予備門、第一高等中学校）そのほかの学校へ伝わり、やがて全国に広まっていった。」と書かれている。ここで補足しておくと、この「日本野球発祥の地」を発見したのは、君島一郎（明治41年一高卒、一高野球部二塁手として投打に活躍した）であった。君島は諸資料を丹念に調べ、野球発祥の場所が現在の学士会館本館敷地であることを明らかにしたのである。

2）東京開成学校のベースボール

日本にベースボールが伝えられた翌明治6年の国内事情は「現在東京の上野公園に銅像になっていて大衆に親しまれている西郷隆盛が征韓論にやぶれて辞職したり、徴兵制が発布されたり、新暦が交付されたりした年である。もっと身近かな例をあげると、東京と横浜の間に鉄道がしけて一年目であった。」（大和『野球五十年』7頁）

（写真4）日本野球発祥の地碑文
＜著者撮影＞

こんな国内事情のなか、開成学校の校舎（写真5上）は一ツ橋にあった。その運動場（写真5下）で、ウィルソンとマジェットに教えられた開成学校の生徒たちが野球を始めた。開成学校は、築地《つきじ》辺りに住んでいた外国人たちと盛んに試合をやった。当時、ベース

（写真５）東京開成学校校舎全景と運動場
−明治９（1876）年には、ここで試合が行われた。

ボールに熱心であった人たちのなかには「昭和十一年二月二十六日の軍部クーデター、すなわち二・二六事件に反乱軍につけねらわれてた重臣牧《まき》野《の》伸顕《のぶあき》や伯爵木戸孝正《たかまさ》〈註2〉、のちに外務大臣になった小村寿太《こむらじゅた》郎《ろう》などがいた。講堂館流柔道の鼻祖嘉納治五郎《かのうじごろう》も野球仲間だったが、まもなく日本橋の柔術道場にかようようになって、野球にわかれをつげたのであった。」（7―8頁）ということである。

このようにして始まったわが国の野球（ベースボール）であったが、このころの方式は、現在のソフトボールに似ており、投手の投球は手首を利かせてはならず、腕を伸ばして下から押し上げるようにしていた。また投手は打者の望む高さ（高・中・下）に投げなければならなかった。投手と本塁（ホーム）間の距離は45フィートで、今の60.5フィートよりもかなり短かった。このころは、まだミットやグローブはなく素手でプレーしたし、守備も厳密に決めて試合に臨むわけではなかったので、好きなように移動した。なお、打者は今の4球（フォアボール）制ではなく、9球（ナインボール）で一塁に歩いていた。

彼らは、風雨激しいときは蓑傘《みのかさ》付けてプレーをやったようで、それくらいベースボールのとりこになっていたのである。

3）明治9（1876）年の試合とルール

東京開成学校での試合について、関川夏央『子規、最後の八年』は「明治八・九年には、毎土曜日ごとに開成学校内に二チームによる試合がなされたが、とくに横浜居留地在住の米国人との試合には、見物人が山をなして群れ集まった。」（9頁）と述べている。

また、島田明『明治維新と日米野球史』は、明治9年に行われた5試合の対戦チームや得点表を、発見された「ニューヨーク・クリッパー紙（New York Clipper ,1876)」の当時の記事をもとに明らかにしている。（80―81頁）

それによると、明治9年の最初の試合は夏のある日（土曜日）に行われ、開成学校（学生）対東京・横浜居留（外国人）チームが対戦して、34対11で外国人チームが勝っている。これは記録上、日本最初の国際試合であったと言えるかもしれない。

そこで以下、島田明『前掲書』が述べている「明治9年のベースボール5試合」の様子を紹介しておこう。

明治9年当時の開成学校（学生）チームは、レギュラー9名のほかに24・25名いた。彼らのなかには、明治7年にアメリカ留学から帰り、開成学校に入学した大久保利通の息子の大久保利和と牧野是利（伸顕）兄弟がいた。ほかにも木戸孝允の甥の来原彦太郎（後の木戸孝正）、山口尚芳の長男もいた。彼らのなかでは、いつもベースボールが話題の一つとなっていた。

こうした状況のなかで試合は行われたが、当日のナインはピッチャー久米祐吉、キャッチャー青木元五郎、ファースト石藤豊太、セカンド佐々木忠次郎、サード本山正久、ショートHWOGAMA（日本名不明）、レフト野本彦一、センター日下部辨次郎、ライト田上省三であった。

一方のアメリカチームは、開成チームの先生格（教師、外交官）であった。当日のメンバーは、セカンドMugget、ショートF.Lacey、レフトWillson、キャッチャーDenison、ファーストChurchill、サードO.Lacey、ピッチャーHepburn、ライトStevensの8名であり、1名足りなかったので（センター抜き）で戦うことになった。メンバーの中には、学生にベースボールを指導したウィルソン（3番・レフト）やマジェット（1番・セカンド）がいたが、どうやらストレンジ（東京英語学校、後の東大予備門）が欠場したらしい。審判はトー

（表１）明治９（1876）年に行われた試合（東京開成学校対外国人チーム）の得点表

	1	2	3	4	5	6	7	8	9	合計
Foreigners	5	1	0	2	7	12	7	*	*	34
Japanese (Students)	0	1	6	0	0	1	3	*	*	11

Umpire ＝ Mr.Van Buren　　　　　　　　＊行わず（7回終了）
（島田明『明治維新と日米野球史』より著者作成）

マス・ヴァン・ビューレン（横浜総領事）が務めた。
この試合結果は表1のとおり、3回裏には学生チームが6点を入れて7対6と逆転するという善戦を見せたが、力量差はいかんともしがたく、7回11対34の大差で学生チームは敗れた。この試合について、クリッパー紙は「日本人たちは（ベースボールに）たいそう興味を持ったようだ。動きは非常にすばやく、全体的に云うと投球がよい。すこし指導すればよいプレーヤーになるだろう。」（114頁）と評した。

実はこの試合、9回ではなく7回で終了している。ルール的には5回終了していれば、試合成立で問題ないのであるが、いかなる理由で7回終了となったのであろうか？　その理由は、横浜から来ているメンバーが帰る汽車に乗る都合であったとされているが、島田『前掲書』は「試合を早く切り上げ、横浜から来た選手を歓迎するパーティーを行うためであったのではなかろうか」（113頁）と述べている。

この開成学校（学生）対外国人戦以降の4試合は、外国人チーム同士によるもので人気を集めた。9月2日は米艦3隻の士官チーム対東京・横浜居留地チームが戦い、29対26で東京・横浜連合軍が勝った。この日は快晴で、観客も欧米人が200人、日本人が約500人集まった。この試合後、東京・横浜の居留民による両ベースボール・クラブが結成された。

その後は、東京対横浜が2試合を行っており、1回戦（10月24日）は29対27で東京が、2回戦（10月28日）も23対13で東京が勝った。もう1試合は、先の2試合の前の10月23日、横浜・軍艦ヤンティック士官連合軍と東京が対戦し、24対12で横浜・ヤンティック連合軍が勝っている。

このように、ベースボールが伝来して間もない明治9（1876）年には、すでに（ほとんど外国人チーム同士の試合であった）ベースボールの試合が、日本で行われていたのである。

ところで、明治9（1876）年の開成学校（学生）対外国人チームの試合は、一見国際試合のようであるが、どうもこの試合は開成学校の学生対教師（主体）の試合とみえる。よって、この試合が正式な国際試合とされていないのは、そんな理由からではなかろうか。いずれにしても、初の（正式な）国際試合は明治29（1896）年5月23日に行われる「一高対横浜居留地外国人（日米）」戦まで待つことになる。

4）日本初の球（ボール）の作製

日本でベースボールが行われるようになってしばらく経ったころ、「雨のグラウンドで使うために、ピッチャーの球はゆるいが、ボールが痛み、なかでも木戸がアメリカから買ってきたボールが破れたときは何度も修繕して、すでに修繕がきかなくなっていたので、同好者たちは暗然とした。」（大和『前掲書』8―9頁）そうである。

このことについて、庄野編著『六大学野球全集』には、次の通り書かれている。

アメリカから日本にボールを持つて来たのは、木戸孝正〈註2〉であるが、その一つの大切なボールが破れ始めた。幾度となく綻《ほころ》びては縫ひ綻びては縫ひしたものだ。試合中など若《も》し綻びでもすると、『おい！ちよつと待つた』で試合を暫時中止して、丹念に修繕をしたものであつた。（6頁）

このころ、まだ「国内では売っていないし、築地居留のアメリカ人に譲ってもらっては、いざ試合の時に引け目を感じることになるし、どうしたものかと破れたボールを前に一同考え込んでいたとき、『分析してみよう、なにか名案が浮かぶにちがいない。』といい出したのは、後年理学博士になった久《く》原《はら》躬弦《つる》であった。そして、同好者注目の内に、ボールの分解が始まった」（大和『前掲書』9頁）。このボールを解体し作製したときの様子について、庄野編著『前掲書』には、次の通り書かれている。

細心翼々中を調べて見ると、初めは羅紗《らしや》の切れが四五枚《しごまい》出て來て、其後が毛絲となり中心には丸い護謨《ゴム》の球が發見された。これでボールの構造は分つたが、さあ、これを作る段になると一仕事だ。當時消しゴムは頗《すこぶ》る高襟者《はいから》流が使用するものであつて頗る高價な貴重品として取扱はれた時代なので、とてもこれを買求めることは出來ない。そこでいろいろ考へた末、友人の古い護謨《ゴム》靴を貰つて來て、その護謨《ゴム》布の中から一々ゴムの絲を抜取り、それを丸めて中心丈は出來た。所がこれに巻く毛絲がまた頗る安くない又一思案の末、皆んなの捨てた靴下を拾い集めて毛絲を解き、これを巻き付けて漸《やうや》く内味《なかみ》だけは出來た。(6頁)

しかしながら、素人の悲しさ、これ以降はどうすることもできなかった。そこで、学校に出入りする靴屋に相談し、柔らかい皮を探し出して、これを靴を縫うのと同じ方法で縫い合わせることから、何とか一個のボールが製造されたのであった。しかし、そのボール(球)は歪んで、縫い目は凹凸《おうとつ》だらけで、とても褒められた代物ではなかったが、このボールこそ、日本産第一号ボールということになる。またこんなボールでも、当時は自慢のボールであった。けっきょく「この重大(?)な仕事に主として木戸孝正が従事したので日本最初のボールは、實に侯が作つた」（6頁）ということになった。

その後、「神保町邊の靴屋がこれを眞似て内職にボールを作り、その店頭に靴と竝べてこれを賣出した事がある。」そうで、「値段は一朱乃至《ないし》二朱であった。」（6頁）「斯《かく》してボールの心配がなくなると、野球は更に熾《さか》んになつた。」（6―7頁）ということである。

そして、明治9（1876）年秋、留学先のボストンから帰国した平岡凞《ひろし》が、アメリカ製のボールを持参した。また、明治14（1881）には、その平岡がアメリカの運動具商スポルディング社から、ボールなどの寄贈を受けた。そのころの日本には、まだ本格的な運動具商がなかったので、アメリカ製や日本の手作りボールが使用されていたと思われる。

ちなみに日本に本格的な運動具商が現われ、ボールや種々の野球用具を作って売り出すのは、明治27（1894）年のことであった。その運動具商とは「美満津社」であり、スポルディング社に50円を送り、ベースボール用具を購入、それを模倣して和製用具を作製したのが、その始まりであったと言われている。

君島『前掲書』によると、この美満津社はこの後、野球の全国的普及に伴って大繁盛し、赤門前に当時としては立派な洋風煉瓦造りの三階建をたてたそうであるが、「今日運動具店として大きくやっている美津濃商店という名称は、恐らくこの美満津から美と津をとってのものではなかろうか。」（104―105頁）と述べている。

しかし、どうやら君島のこの推測は当たっていなかったようで、美津濃（現ミズノ）は明治39（1906）年、洋品雑貨のほか野球ボールなど販売する『水野兄弟商社』として、大阪北区芝田町に創業した（水野健次郎発行『―水野利八物語』（1983、年譜2頁）そうであり、その後の明治43（1910）年に、北区梅田新道に移転し、店名を美津濃商店と改称したということである。そして、明治45（1912）年には、東京支店を開設したが、このころから、美津濃は運動服装だけでなく運動用具の生産を計画し野球グラブやボールの改造に着手したそうである。

当時の美津濃は、野球の発展にも尽力しており、明治44年には「大阪実業野球大会」を主催し、また大正2（1913）年には「関西学生連合野球大会」を主催している。（『前掲書』年譜2―3頁）

2 日本初の野球倶楽部

1）平岡熈と新橋アスレチック倶楽部

日本最初の野球（ベースボール）倶楽部は、アメリカ帰りの平岡熈《ひろし》によって創設された。平岡は明治4（1871）年、15歳で渡米、明治10（1877）年、汽車の車両製造技術を学ぶと同時にアメリカのベースボールを学び帰国し、新橋鉄道局に復帰した。そして、覚えてきたベースボールを同僚に教え、翌明治11（1878）年、日本で最初の「新橋アスレチック倶楽部」（写真6）を組織した。倶楽部では練習のほか、二組に分かれて試合を行った。
平岡は明治20（1887）年、勤務していた鉄道局を辞めるまで、ベースボールの指導、普及に務めた。新橋倶楽部は新橋停車場後方の広場でベースボールの技術を磨き、用具もアメリカ製のものを使って人々を驚かせるとともに、技術は当時の学校チームよりも遥かに巧みであった。そこで当時の学生たちは、自分たちよりも技量の優れた新橋倶楽部に好んで出入りし、技術や規則を学んだのであった。

小関『野球を歩く』によると、平岡は明治15（1882）年、都内二カ所にベースボール場を造ったそうである。その一つは、平岡が鉄道局汽車課長となったときに造ったもので、構内の芝浦寄りに芝生を植えたアメリカ式の美しいグラウンドであった。またもう一つは、新橋

（写真6）明治13（1880）年ころの「新橋アスレチック倶楽部」のメンバー
－中央でバットを持っているのが平岡熙部長。

のグラウンドが手狭になったことから、同年、品川の八ツ山橋の広場に新たに造って、このことを『保健場』と名付けた。この保健場なるグラウンドは「現在の品川区北品川一丁目、都営バスの車庫になっているあたり」(43頁）ということである。

ところで明治13（1880）年、先の新橋倶楽部よりも早くベースボール場（球場）を造った御仁がいる。その人物とは、徳川達孝伯爵《さとたかはくしゃく》である。当時、三田に大邸宅を構えていた達孝は、アメリカから伝えられたベースボールというものを、われわれ徳川一門でもやってみようではないかということで、すぐ邸内にベースボール場を造り、チームを作って楽しんだという。そして、このチーム、新橋倶楽部が「アスレチックス」というニックネームを付けたことを聞き、自分たちのチーム名をギリシャ神話に出てくる英雄「ヘラクレス」と名付けた。このヘラクレス倶楽部が、新橋倶楽部に次ぐ日本で二番目の「倶楽部」ということになろうか。

この達孝、バットにも関心を寄せたそうで、「柾目の通った本桐のバットを大工に作らせたが（略）柾目の桐も下駄のようなわけにはいかず」（大和『前掲書』12頁）すぐに折れてしまうことから、桐はバットには不向きであることを知ったのであった。

2）平岡煕《ひろし》とカーブ（論争）

日本人として、最初にベースボールを伝え、指導したのが平岡熙であった。平岡はアメリカ遊学中、ベースボールを習得して帰国した。平岡はニューヨークのダイヤモンドグラウンドにおいて、アメリカ人と対等にプレーしたそうで、当時の権威者であったと言われている。また新橋倶楽部では、フランネルのユニフォームや帽子を作ったが、このユニフォームは、平岡がアメリカで見た通りのものを作らせたので、当時としては大変奇抜なものであった。

当時の平岡や新橋倶楽部について、『前掲慶應部史』は次の通り書いている。

ボールやバットなどは平岡がアメリカから取寄せ本塁などは今日の様なゴム製であった。しかしまだ野球は素手で行う時代でミットはなく、捕手は今の位置から一、二間後に構えて、投手からの投球はワンバウンドで取るのであった。投手は今日と違って打たせるような投球を要求されたから、一試合が午前十時に始まって夕方終了したり、九〇対七〇といったスコアの時代であった。(略)平岡が慶應の連中も連れて来いというので、(略)新橋クラブへ行き、平岡のベースボールを習った。(2頁)

ところで平岡と言えば、日本で初めてカーブを投げた投手としても知られ、「カーブは卑怯か否か」という論争を巻き起こしたことで有名である。

そこで、この平岡の「カーブ論争」について述べておきたい。

まずはこの平岡のカーブについて、横井春野『日本野球戦史』は「明治二十年以前の投手は悉《ことごと》く直球のみを投げてゐた。当時、日本でカーヴを出し得る人は平岡氏のみであつたが、氏は『一子相傳虎《しそうでんとら》の巻《まき》』として何人にも傳授《でんじゅ》しない。氏は、『野球技に熟達しない者がカーヴを稽古《けいこ》することは弊害があるから』と云つて如何なる人の願ひをもうけつけない。樺山愛輔氏や市川延次郎氏は、之を無念と思ひ、苦心努力したが成功しなかつた。」（19—20頁）と述べている。

そして、この平岡のカーブ論争については、国民新聞社運動部編『日本野球史』が次の通り書いている。

新橋倶楽部は平岡氏の独裁で主将たり監督たりコーチャーであった。彼は試合の折、主として投手の重任を引き受けていたが、時とするとカーヴを投げて打者の目を眩惑せしめた。いや打者よりも捕手が面喰った。（略）その頃の野球は（略）打者の註文するところへ投げるのだから何とかして打たせようというのであった。すると、平岡氏の投球は打者の註文の如く胸を通されるのであるが、球が急回転して来るので打てない。そこで打者からまず抗議が出た。『あれは違法だ』『どうして』『球は常に一定の速力で投げるべき、かくも不思議な投げ方はない』『あれはアメリカで行われているカーヴという投球法さ』『いや、切支丹バテレン式の魔法だろう。小手先でなんとか誤魔化して野球の深奥を極めた時始めて梧道徹底してその多変力化の不可思議を会得することが出来る』『でもこの魔法を投げると打てない』（略）若い選手、（略）感心するものもあったが憤慨するものもあった。どうして球が曲がるのか、どんな投げ方をするのか、平岡氏の右手、分けてその指に対して多くの疑念と注意が集められた。（18—19頁）

ところで当時の投球は、アンダー・ハンド一点張りであった。オーバー・ハンドで投げるのは平岡一人であった。ただ、彼はそれを危険と思い、普段は下手投げであった。よって、彼のカーブは下手投げによってなされたのである。飛田『前掲書』によると「明治二十二年以前の野球にありては、僅かに新橋倶樂部の平岡氏が、カーヴを投げたといはれるけれども、後進《こうしん》に傳《つた》へなかつたところを見れば、或《あるい》は實際《じつさい》にこれを用ひる程度ではなかつたのかも知れない。」（18頁）と述べている通り、試合で本格的に用いるものではなかったのであろう。

このように、伝来して間もない当時のベースボール界を牽引してきた平岡熙であったが、明治20年に新橋倶楽部の部長を辞したので、同倶楽部の勢力は落ちてしまった。そして明治23年には解散してしまう。この解散によって、残された部員たちは赤坂、溜池、東京の各倶楽部に加入していき、学校チームと対戦していくことになった。

平岡熙は1959（昭和34）年に「野球殿堂」入りしている。言うまでもなく、伝来して間もないベースボールを多くの者に指導し、世間に広めた功績が認められたからである。しかしながら、残念なことが一つある。それは、平岡がベースボールに関して一切何も書き残していないことである。もしも彼の書いた物が残されていたならば、当時の状況がもっと明らかになったであろうと思うと残念でならない。

第3章　正岡子規とベースボールを通して

1　プレーヤー子規の活躍

1）ベースボールとの出合い

子規は子供のころ、松山で「橙《だいだい》をボールとして両軍に分かれて投げ合い、落としたほうが負け、また限定した枠内に投げ入れぬと負けなどのルールを作って遊んだ」（和田茂樹『子規の素顔』372頁）経験がある。平出隆『ベースボールの詩学』は「子規のベースボールは、遠く、故郷・松山に伝わる正月の遊び『橙投げ』に発するという説がある。」（162頁）と述べている通り、この遊び経験が子規をベースボールに駆り立てることになったかもしれない。

明治16（1883）年、子規が松山から上京したのは6月16日であった。上京後の子規は須田学舎に入り、次いで共立《きょうりゅう》学校に入学した。明治17年7月、大学予備門の試験に合格するのであるが、上京後、子規は松山藩の長屋（旧久松邸の書生小屋）に住んでいた。このとき「藩の長屋に住む書生中、最もよく打ったのは子規だった。」と、和田『前掲書』

373頁）は述べている。このことは、子規が大学予備門入学前、すでにバッティングを経験していたということになろう。

また、子規は一時、松山藩の長屋に住んだだが、明治16年秋から17年夏にかけて叔父である藤野漸《すすむ》宅に寄宿した。そこで、「当時子規の世話をやいた叔母磯子が、後年、その頃の思い出話を（柳原）極堂に語った」ところによれば、「子規はすでに野球に凝っており、新橋の鉄道周辺にグラウンドがあるとか言って出掛けました。平岡と言う鉄道に関した人が宅の主人の謡ひの友達であつた因《よし》みで、その平岡の子息さんと野球をやるやうになつたらしいのです。けふは練習が遅くなつて、歩いて帰るひまが無かつたからとよく車賃をねだられました。」（城井睦夫『正岡子規とベースボールに賭けた生涯』75頁）とのことである。

子規が東大予備門に合格して入学するのは、明治17（１８８４）年9月のことなので、先の「磯子の記憶」に間違いなければ、子規は予備門入学前（共立学校在学時）に、新橋倶楽部のグラウンドに出向き、平岡やその子息らとベースボールをしていたことになる。したがって、子規がベースボールに興味を持ち始めたのは、このころであった。

ところで飛田『前掲書』は、子規が上京する少し前の明治14－16年のベースボール界について、次の通り述べている。

英人ストレンヂ氏〈註3〉が法學部大學にベースボール會を起したのが、今日のいはゆる野球部と稱するものゝ最初のものであつたといはれてゐる。そのころに法學部（今の東京帝大法科の前身）は神田一ッ橋にあつた。（略）それが恐らく十四五年頃ではなかつたろうか。それと同年代におこつたものには、駒場農科大學、溜池の工部大學、青山の英和學校、今の英語學校（開成学校予科、後の大学予備門、第一高等中学校）等がある。（4頁）（著者傍線）

F・ストレンジ（ヂ）

右引用文の通り、明治14・15年になると、当時の学校にもベースボール会を作る動きが出始めたようである。

ところで、ここで一つの疑問が生じる。それは右傍線部の「英（国）人ストレンジ氏・・・」のことである。なぜ、ベースボールを知らないと思われるイギリス人がベースボール会を興したのかということである。しかし、これはどうやら取り越し苦労であったようで、明治8（1875）年に来日したストレンジは、ウィルソンたちからベースボールを教わり、明治9年の外国人チーム同士の試合（東京対横浜）に、横浜チームの一員として、レフト・7番バッターとして出場していることが分かった。

2）東大予備門ベースボール会メンバー

子規が明治17年9月、大学予備門（明治10年に開成学校から改称）に入学したことについては、先に述べた。よって、子規が入学したときの予備門には、すでにベースボール会があったことになる。横井春野『前掲書』は、次の通り述べている。

明治十六年に、虎の門の工部大學（工科予備門）に野球部（正しくはベースボール会）が組織された。これについては教授ピアソン氏の努力を忘れることが出きない。正岡子規、山口俊太郎、生田義助、高辻奈良造と云ふやうな猛者が選手であつた。當時俳人正岡子規は、工大の名投手として其名を唄はれてゐた。（14頁）（著者傍線）

子規は右引用文の通り、入学後、この「予備門ベースボール会」メンバーとなる。入学後、すぐにメンバーに加わったのは、子規はすでに（新橋倶楽部で）ベースボール経験があったからだと思われる。いずれにしても、この後「ベースボール狂」と言われるほど、子規はベースボールに熱中していくのである。

3）ベースボールに熱中

柳原極堂『友人子規』「子規の下宿がへに就いて」は、子規がベースボールに夢中になっていたことを、次の通り述べている。

ベースボールが大学予備門に伝はつて居士（子規）等が、これに熱中しはじめたるも十八年のことである。学校から帰つて来ると室内を騒ぎまはり或は手を挙げて高く飛び上がつたり又は手をささげて低く体を落とすなどいろいろの格形をするものから升《のぼる》さん何のまねをしてゐるのかなと訊くと、これはベースボールと云ふ遊戯の球の受け方、練習なのだトテモ面白いよ君一度学校へ見に来給へなど言つてゐた。（城井『前掲書』79頁）

子規は生来、何ごとに対しても、興に乗ると徹底的になるという性格であったから、上達も早かったようであるが、右引用文の通り、プレー（技術）を磨くために帰宅後の室内で、いわゆる模倣練習（ドリル）を行っていたのである。

ところで、なぜ子規が、こんなにもベースボールに嵌《はま》っていったのであろうか？　末延芳晴『正岡子規、従軍す』は、次のような見方をしている。

それは、子規が「東京に出てきてからは、テニスや陸上競技など西洋伝来の近代スポーツに触れることになるものの、基本的に体力勝負の個人競技には関心をしめしていない。」その理由は「第一には学業面で感じていた劣等感を運動の面で解消したいと思っていたからであり、もう一つに野球が、体力の優劣だけでは勝負が決まらない複雑さを持った運動競技であり、身体劣弱な子規もそこに参加し、自己の技能を十分に発揮することが可能であったという意味で、自由に開かれた運動競技であったからである。」(55—56頁)と。

4) 明治18・19年の活躍

「明治十八年に至り、青山英和學校(青山學院)波羅《バラ》大學(明治學院の前身、當時築地にあり)慶應義塾に野球(正しくはベースボール)部が設立された。」(横井『前掲書』14頁)このころから、徐々に対校試合が行われだしたようである。この点、飛田『前掲書』は「農科大學(駒場農學)最も強く明治十八・九年の交においては、英和學校、工部大學、法學部大學等すべて駒場勢の蹂躙《じゅうりん》するところとなつた。けれども、當時整頓随一として學生間から盟主と仰がれたものは、新橋倶楽部であつた。」(4頁)と述べている。

こうしたベースボール界の状況下にいた子規『松蘿玉液』は、次の通り述べている。

明治十八、九年来の記憶に拠《よ》れば予備門または高等中学校は時々工部大学、駒場農学と仕合ひたることもあり、また新橋組と工部と仕合したることもありしか、その後青山英和学校も試合《マッチ》に出掛けることもありしかど年代は忘れたり。(34頁)

子規は、明治18年は予備門ベースボール会のメンバーとして、また明治19(1886)

年4月以降は、（校名の変更で）第一高等中学校（一中）のメンバーとして試合をしたということであろう。

では、子規はどのポジションを守っていたのであろうか？

「明治十九年の豫備門に於ける寄宿新報に、赤組は正岡子規氏と岩岡保作氏と交互にピツチとキヤツチとになられ」（庄野編著『前掲書』15頁）とある通り、子規はピッチャーやキャッチャーとしてプレーした。

ところで、このころのバッテリーは「技のすぐれたるものをこの局に當りしめ」（15頁）たそうなので、子規は優れたプレーヤーだったということになろう。

ここで一つ疑問なのは、どうして、子規と岩岡がピッチャーとキャッチャーを交互にやったのかということである。それは、当時のベースボール（方式）では、バッターが要求する以外の投球は悉《ことごと》く無効（ボール）としていたので、ピッチャーの投球数はとてつもなく多くなった。このことから、子規または岩岡が一人で9回まで投げ抜くことは難しかったことから、二人が（交代しながら）交互に投げたり、受けたりすることになったと考えられる。

横井『前掲書』は「當時、俳人正岡子規は、工大の名投手として其名を唄はれていた。」（14頁）と述べている。しかし、ここで言う「名投手」の意味は、今の名投手とは違っていた。それは当時の投手は「打者の打ち良い所」へ投げてやらなければならなかった。よって、打者が注文する所へ投げてやることのできない者は名投手とは言われなかったし、打者の好む所へ投げることのできない者は、投手としての資格はないと言われていた。

そこで、当時の（ベースボール会の）実力についてであるが、『向陵誌　第二巻』「野球部部史」は「當時吾部の技たるや未だ世目を引くに足るものなく（略）時に試合を催しノックを行ふに過ぎざりき。」（653頁）と書いている通り、当時は時に試合は行ったものの決して強いチームではなかったし、練習も単調でノックを行う程度だったようである。

このノックについて、飛田『前掲書』は「当時の練習で、最も盛んに行はれたのはノックであつた。練習は大方このノックに終始されたといふのも過言ではない。ミットのない時代にありては、フライをショウトバウンドで摑めば大喝采を博し、飛球を捕ればノッカーに代わって打手になるなどのこともあつた。」（9―10頁）と述べている。

ちなみにこのころのノックは、今日行われている「シートノック」ではなかったようで、ただ何人かが集まって待っている所に打つという単純なものであった。

5）一中ベースボール会メンバー

「明治十九年四月、東京大學豫備門を改めて第一高等中学校と稱せらるゝや法學部工學部のベースボール會を合併して始めて第一高等中學校は野球部（正しくはベースボール会）は成りなし。」（『向陵史』653頁）このとき子規は、予備門ベースボール会から引き続き「一中」のメンバーとして活動することになる。その活動については、先の4）で述べた通りである。

この明治19（1886）年の子規の学生生活について、柴田宵曲《しょうきょく》『評伝正岡子規』は「学校における居士（子規）は決して勤勉な学生ではなかった。業余の時間は雑書の雑読や寄席行に費やされたのみならず、ベースボールの練習に費やされた。この新しい競技は当時の居士の競技を刺激したものと見えて、後年一橋《ひとつばし》外の高等中学宿舎にいた頃のことを回想して、『バット一本球一個を生命の如くに思ひ居りし時なり』といっている。」（26頁）と述べている。このころの子規は、一中ベースボール会の練習に加わっており、バットやボールをこの上なく愛おしく思っていたのである。

ところで、この年の「1月30日、子規ら7名は、『七変人評論』を作成。『七変人遊戯競』中、子規はベースボールを『弄球《ろうきゆう》』と翻訳し、西方大関に秋山眞之《さねゆき》、東方関脇に正岡常則（子規）、行事（下手）に清水則遠などを記している。」（和田『前掲書』373頁）ことからすると、子規のプレーの技量は、かなりのものだったと思われる。

子規は、翌明治20（1887）年12月25日、「一中寄宿舎ベースボール大会（紅白戦）」に、白軍キャッチャーで出場している。このときの様子を、子規（『筆まかせ抄』）は次の通り書いている。

十二月廿五日のことなりけん（略）正午に寄宿舎に帰ればはやベース、ボール大会の用意最中なり　余もいつになく勇たちて身軽のこしらえにて戦場へくり出すに　いとも晴れわたりたるあたたかき日なれば　駒の足もイヤ人の足も進みがちなり　この日余ハ白軍のcatcherをつとめ　菊池仙湖はpitcherの役なりしが　余の方は終にまけとなりそれにもかかわらず仙湖と余とはperfectをやりしかばうれしさも一方ならず（略）。（30頁）

右引用文中の「perfect（パーフェクト）」とは、今の「完全試合」ではなく、自分のポジションを最後（9回）までやり遂げたという意味であろう。いずれにしても、子規にとってこのパーフェクトをやった（喜び）体験は、これ以降、子規がキャッチャーを定位置としてやっていく上で大きな自信になったものと思われる。

このころの子規は、すっかりベースボールに嵌《はま》っており、明治21（1888）年『筆まかせ（抄）』に「Base-ball」を取り上げ、運動となるべき遊技は多くあるが「愉快とよばしむる者ただ一ツあり、ベース、ボールなり」（43頁）と述べ、さらに次の通り述べている。

凡《およ》そ遊戯といへども趣向《プリンシプル》簡単なれば　それだけ興味薄く。さりとて囲棊、将棊の如きは精神を過度に費し　且ツ運動にならねば遊技とはいひがたし　運動にもなり　しかも趣向の複雑したるはベース、ボールなり　人数よりいふてもベース、ボールは十八人を要し　随《したがつ》て戦争の烈しきことローン、テニスの比にあらず　二町四方の間は弾丸は縦横無尽に飛びめぐり　攻め手はこれにつれて戦場を馳《は》せまわり　防ぎ手は投げ返しおっかけなどし　あるは要害をくひとめて敵を虜《とりこ》にし弾丸を受けて敵を殺し　あるは不意を討ち　あるは挟《はさ》み撃《う》ちし　あるは戦場までこぬうちにやみ討ちにあふも少なからず　実際の戦争は危険多くして損失夥《おびただ》し　ベース、ボールほど愉快にて満ちたる戦争はほかになかるべし（略）。（43頁）

ところで、明治21（1888）年2月、勝田主計「子規を偲ぶ」は「子規に引込まれて學校のベースボール會員になつたことがある。」（『子規全集　別巻三』362頁）と述べている。この勝田の記述は、子規が一中ベースボール会のメンバーとして活動していたことを裏付けるものである。また勝田は、当時のベースボールや子規の捕手振りについて、次の通り述べている。

當時のベースボールは極めて幼稚なもので、キヤツチヤーは球の一度バウンドしたものを取つてゐた。勿論今日のやうにマスクなどの必要は無かった。ピツチヤーその他の投げる球も、今日のやうに技巧を加へた、且強烈なものではない。子規の球を取る流儀は一種特別で、掌を眞直に伸べて球を挟むやうにした。強烈な球でそんなことは出來ないが、當時はそれで間に合つてゐたのである。（『前掲書』362頁）

2　一中ベースボール会を退く

1）肺を患う

子規は明治21（1888）年7月に一中予科を卒業し、9月に本科へ進む。そして、子規はこれを契機に、ベースボール会から退くことになる。

このことについて、城井『前掲書』は（明治21年8月に）「肺患に犯された子規は、明治二十一年九月に常磐会宿舎に入舎し一ッ橋から離れたこともあり、おそらく、学校のベースボール会から身をひき、（略）もっぱら常磐会宿舎の友人たちを仲間にひきいれベースボールを楽しんだのであろう。」（98頁）と述べている。

子規は明治21年9月以降、結核という重い病気を背負いながらもベースボール（プレー）を続けていくのである。

2）喀血後もプレーに興じる

先に触れた通り、子規が初めて肺結核で喀血したのは、明治21（1888）年8月、鎌倉へ小旅行したときであった。このころの子規について、五百木《いおき》瓢亭「我が見たる子規」『子規全集　別巻三』は次の通り述べている。

> 正岡と雖《いえど》も第一回の喀血ではあつたが、まだなかなか元氣だつた。無論後年のやうに痩せてはいない。ベースボールが好で、夕飯後などはよく外へ出て練習をやつたものである。當時近所に吉原の驅黴院（梅毒病院）なるものがあつて、その取り拂はれた跡が廣い明地になつてゐた。吾々が球を弄ぶのはきまつてそこであつた。正岡は左利きだつたが、球は右で投げた。字を書くのも右である。（326頁）（著者傍線）

右引用文の通り、子規は病気に罹っても安静にすることなく、相変わらずベースボールに興じていたのである。

そこで右傍線部であるが、神田順治『子規とベースボール』によると、子規は「左利きのキャッチャーであったし、また左腕投手であった」（46頁）と述べている。また長谷川櫂『子規の宇宙』（42頁）もそう述べている。

しかし、子規と一緒にプレーした五百木の記述（右引用文傍線部）からすると、それは間違いであった。この点、堀内統義『恋する正岡子規』も、先の五百木の証言が事実ならば（子規の）「左腕《サウスポー》投手説は崩れてしまう。」（111頁）と述べている。

なお、著者は、子規の明治18年と23年の「活力統計表」(『筆まかせ抄』180―182頁)から、彼の「握力」の変化に着目したところ、左手が11kg向上していたのに対し右手の向上は16kgと、5kgも大きかったことを根拠に、子規は「右手でボールを握って、投げていた」との確信を得ている。

ところで、松山市市坪にある「坊っちゃん球場」併設の「野球歴史資料館(の・ボールミュージアム)」に子規の左バッター像(人形)が展示されている。そこには「子規自身のバッティング・フォームは定かではありません」との断り書きが添えられていた。著者は、子規が左バッターであったとの証拠は何一つないことと、当時は(今のように)左バッターはいなかったと思われることから、子規は「左投げ・左打ち」ではなく、「右投げ・右打ち」であったに違いないと考えている。

3) 松山にベースボールを伝える

明治22(1889)年7月、子規は(大量の出血をした2カ月後〈註4〉)療養の目的で松山に帰省する。

そのときに書いた『子規子』戯文(閻魔大王と子規の対談である)「締結始末」には「たとえ、死んでも、ベースボールがやりたい」(和田『前掲書』167―168頁)と書いている。このころの子規は、病気で死んでも良いからやりたいほど、ベースボールに焦がれていたのである。実は子規、松山に帰省する際、竹村鍛《きとう》から、弟の河東碧梧桐《かわひがしへきごとう》（秉五郎《へいごろう》）にボールとバットを渡してくれるように頼まれていた。子規は、松山到着後、早速この頼まれごとを果たすべく河東宅を訪ねる。そこで、子規と初めて関わったときの様子を、碧梧桐『子規を語る』は次の通り述べている。

ベースボールを、私が習った先生というのが子規であったのだ。私が十六になった（略）夏であったと記憶する。当時、東京に出ていた兄から、ベースボールという面白い遊びを、帰省した正岡にきけ、球とバットを依托したから、と言って来た。（略）球が高く来た時にはこうする。低く来た時にはこうする、と物理学見たような野球初歩の第一リーズンの説明をされたのが、恐らく子規と私とが、話らしい応対をした最初であったであろう。（23頁）

この後、碧梧桐はすぐ表の通りへ引っ張り出されて、今まで教わった球の受け方の実施練習をやることになった。子規からお手本を示されながらの指導を受けたのである。実は、これが松山にベースボールが伝えられた最初であったと言われている。

ところで子規は、翌明治23（１８９０）年夏にも松山に（療養のため）帰省する。このとき子規たちは、松山城の北にある練兵場で高浜虚子（本名「清」）ら松山中学校生たちがバッティングをしている所に出くわす。そして、中学生からバットとボールを借りた子規は、得意のバッティング（ノック）を披露する。虚子は「此のバッターが正岡子規其人であつた事が後になつて判つた。」（高濱虚子『子規と漱石と私』9－10頁）と述べている。

ここで、付け加えておかなければならないことは、子規が松山にベースボールを伝えたことは、それはそれで重大なことだったのであるが、俳句の世界からすると、この三人（子規・碧梧桐・虚子）の出会いは、もっと重大な出来事だったのである。それは「同郷人としてのチームワークが、わが国の俳句革新の原動力になった。」（松山教育委員会編『伝記正岡子規』91頁）からである。

4）常磐会寄宿舎「ボール会」設立

子規は、重い病気に罹《かか》っても、まだベースボール（プレー）を諦めることはできなかった。明治22（1889）年12月には、住んでいた常磐会寄宿舎に「ボール会」を設立させるのである。このボール会設立について、関川『前掲書』は「子規が音頭をとり寄宿生を糾合して『ボール会』を設立、上野公園や隅田川河畔でベースボール大会を催した。二チーム二十人ほど。寄宿舎生が四十数人であったから、その半数近くを組織し得たのは、（略）やはり、『親分肌』の子規の力量であった。」（13頁）と述べている。

この「ボール会」設立後の練習や試合は、寄宿舎近くの梅毒病院野原や上野公園、隅田川河畔に出向いて行われた。

そんななか、明治23（1890）年3月21日には「第四回寄宿舎ベースボール大会」が行われた。子規はこの大会に備えて、前日の20日に梅毒病院の空地で練習をしており、この試合への意気込みをみせている。

この試合について、城井『前掲書』は、子規が『筆まかせ・第三の巻』（明治23年3月15日より）に書いた次の記事を紹介している。

此日ハ朝より小雨のふりいでたるに　一時ハ皆延引せんといひたれども　佃氏の主張により又ゝ気を取り直して身軽に支度をとゝのへ　午飯後上野公園に向ひける。今年、例年よりも暖気強きにや　彼岸桜ハ大かたに咲きそろひし頃なれば　雨にもかゝはらず公園ハ群衆の山をきづきたり。ボールを始めしや否や　往来の書生、職人、官吏、婦人など皆立ちどまりゝて立錐《りっすい》の地なし。然るに第五番（回）頃の勝負に至りて　雨勢の少し増しけるにぞ　群衆は一人へり二人へり　終にあとかたもなくなりけり、併し勝負全く終へて帰途に就く頃ハ雨も全く晴れにき、此日の遊びハ常磐会宿舎のベースボール会の第四の大会なるが　今年一月の施行せし時にくらぶれば皆非情の上達を現したり。

（109―110頁）（著者傍線）

右引用文からは、春雨の中、子規たちがベースボールを楽しんでいる様子やそれを物珍しく見ている観衆の様子がうかがえる。右引用文傍線の「上野公園」（上野恩賜公園）には、子規たちがよく使用したグラウンドがあった。現在は平成18（２００６）年夏にリニューアルオープンしたのを機に「正岡子規記念野球場」と命名されている。また、球場フェンス外に句碑（写真7）が建てられ、「春風やまりを投げたき草の原」（明治23年）という子

（写真7）正岡子規記念野球場と記念句碑
＜著者撮影＞

規のベースボール俳句が刻まれている。なお、右引用文傍線の「勝負全く終へて」については、次項5）において述べる。

5）子規の「勝負附」とその解明

子規は「第四回寄宿舎ベースボール大会」（明治23年3月21日）の「勝負附」（表2―1）を書き残している。これはスコアシートとして、日本最初のものであると言えよう。

この「勝負附」からは、両軍メンバー（選手名）とポジションは判るが、和田茂樹『前掲書』が「略語も何回実施したかも判定しがたい。」（140頁）と述べている通り、どう読み取ればよいかが分からない。

そこで、著者はこの「勝負附」の改変を試み、表2―2を作成した。改変した表2―2からは、この試合の状況を左記の通り明らかにすることができた。

① 試合は白軍10名・赤軍9名で戦っている。参加者が19名であったので、10名と9名の2チームを作った。そこで、白軍の横山は守備に着かず、10番バッターで出場させた。

② 試合は○（得点）数からして、22対7で子規の白軍が勝った。試合のアウト（×・Fo・1st・L）＜表2―2下欄参照＞数は、両軍とも20個である。よって、試合は「7

（表2-1）子規が記録した「ベースボール勝負附」

○ベースボール勝負附

三月二十一日午後、上野公園博物館横空地に於て興行せし球戯の番附は、

白

勝田　C　○…………○…………1st……1st
佃　P　○…………1st…………………○
渡部　S　1st…………×……………Fo
吉田　1st　S…………………×……………○
土居　2d　1st……………　×…………S
河東　3rd　……1st………………S……×
伊藤　R………L………………×…………1st
山崎　Ce……………1st………1st………×
山内　L……………×………×　………S
横山　……………………○…○…………　×

赤

正岡　C　○……○……S……○…Fo…Fo
竹村　P　○……○……Fo…○…○　…Fo
寒川　S　S……○……○…○…○……1st
小崎　1st　Fo…S　……○…○…○……○
高市　2d　×…×……　×…×…S……1st
五百木　3d　…×……1st…S…S…S
大原　R　…1st……×…Fo　Fo…×
山田　Ce………○……○……○…○…○
新海　L　………×……×…　○…○…S

（表2-2）子規が記録した「ベースボール勝負附」の改変<著者が表2-1を改変した>
－明治23(1890)年3月21日午後「第4回常磐会寄宿舎ベースボール大会」

	守備	名前/回	1	2	3	4	5	6	7	合計得点
白軍	C	勝田	○		○		1st		1st	2
	P	佃	○		1st		○			2
	S	渡部	1st		×		Fo			0
	1st	吉田	S		×			○		1
	2nd	土居	1st			×		S		0
	3rd	河東	1st			S		×		0
	R	伊藤		L		×		1st		0
	Ce	山崎		1st		1st		×		0
	L	山内		×			×		S	0
		横山			○		○		×	2
		得点	2	0	2	0	2	1	0	7
	守備	名前/回	1	2	3	4	5	6	7	合計得点
赤軍	C	正岡	○	○	×		○　Fo	○　Fo		3
	P	竹村	○	○		Fo	○	○　Fo		4
	S	寒川	S	○		○	○	○	1st	4
	1st	小崎	Fo	S		○	○	○	○	4
	2nd	高市	×	×		×	×	S	1st	0
	3rd	五百木	×		1st	S	S	S		0
	R	大原		1st	×	Fo	Fo	×		0
	Ce	山田		○	○		○　○	○		5
	L	新海		×	S		○　○	S		2
		得点	2	4	1	2	8	4	1	22

（注1）○＝得点　S＝残留　1st＝1塁アウト　Fo＝フライ・バウンド・アウト
L＝ライン（塁間）アウト　×＝その他のアウト（2nd・3rd・ホーム・三振）
（注2）赤軍3回の新海Sと正岡×は、この方が正しいと考えられるので訂正した

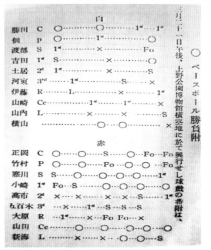

回2アウト」で終了したことになる。この点、城井『前掲書』は「7回で終了したであろうから、アウト数は21でなければならない。よって、「アウト1個をS（Standingの略で残留）と書きちがえたのだろうと思う。」（111頁）と述べている。

そこで著者も、改めて得点やアウト数を点検してみたが、両軍6回表裏までの全ての得点やアウト数に間違いはなかった。しかし、7回表裏の回だけアウト数が2個しかなかった。このことから、やはり試合は「7回表裏2アウトで終了した」ということになる。

しかし、7回で試合終了していたことに違和感はないが、3アウトではなく2アウトで終了していることは、いかにも不自然である。そこで、先の城井『前掲書』が「アウト1個をSと書きちがえたのであろう」と述べていることに同意するとしたら、該当するのは「7回表裏」しかない。ここで改めて表2―2を見ると、7回表はSが×であれば3アウトになる。また、7回裏は○が×であれば3アウトになるのであるが、その回は1点が入っているので、○が×に変わるのは不可能である。そうなると、2アウト後の次の打者（五百木）がアウトであれば3アウトとなる。いずれにしても、この試合のアウト数がなぜ21個でなく20個なのかという疑問は完全には拭い切れない。

③　そして先の引用文傍線部の「勝負全く終へて」と書かれていることである。関川『前掲書』は「彼らは観客なしの雨中で、第九イニングまで試合をしとおした。」

（16頁）と述べているとおり、誰もがそう思うに違いない。しかし（②の通り）試合は7回で終了していた。そうなると、子規が書いた「勝負全く終えて」とは、どういう意味だったのであろうか？　著者は「試合も長引いて日暮れとなった。得点も22対7と大差がついたし、これで終りにしよう」という意味だったと解釈している。

ところでこの試合は、子規がプレーヤーとしての最後であったと思われる。写真8は子規唯一のベースボール写真であるが、これは、試合が行われた当日（3月21日）か、その後（3月中のある日）撮られたものであろう。

（写真８）正岡子規のユニフォーム姿
（明治23年３月）

子規がこの写真を撮ったのは（結核のため）この先、試合ができなくなるであろうとの思いから、記念として残しておきたかったのではなかろうか。実際、子規はこの後「ボール会」の練習にはほとんど参加しなかったようである。そして、明治24（１８９１）年のある日、久々に練習に来た子規を見た河東碧梧桐『子規を語る』は、子規が「バットを十ぺん振って、やっと一つあたる位だった。（略）わたし自身をきまりわるがせた。」（45頁）と述べている通り、自己のベースボール術と体力の衰えを悟った子規は、プレーヤーからの完全撤退（引退）を決断したのであった。

3　子規のベースボール俳句・短歌

1）俳句（九句）

明治23（1890）年、子規が詠んだ最初のベースボール俳句は、先に述べた「第四回寄宿舎ベースボール大会」が終って間もない4月のことであった。子規はこの年、四句のベースボール俳句を詠んでいるが、その初句は「春風やまりを投げたき草の原」であった。この俳句は「四月七日、友人二人と船橋・王子方面の野へつくし狩りに行った。帰り道に、植木屋の多い片町を通りかかり、芝を養生する広場を見つけた。」（平出『前掲書』178頁）「ボール狂には忽《たちま》ちそれが目につきて、ここにてボールを打ちたらんにはと思へり」（粟津編『筆まかせ抄』179頁）ということから詠まれたものである。

なお、明治23年のほかの三句は「まり投げて見たき広場や春の草」、「恋知らぬ猫のふり也球あそび」、「球うける極意は風の柳かな」である。ちなみに「恋知らぬ・・・」の句は「子規が（親友）大谷是空に、例のユニフォーム姿の写真（写真8参照）を送った4月6日の手紙に添えられたものである。」（『新潮日本文学アルバム』23頁）

九句のうちのほか五句は、明治29（１８９６）年の「若草や子供集まりて鞠を打つ」と「草茂みベースボールの道白し」の二句、そして明治31（１８９８）年の「夏草やベースボールの人遠し」、明治32（１８９９）年の「生垣の外は枯れ野や球遊び」と、明治35（１９０２）年の「蒲公英（たんぽぽ）やボールコロゲテ通りケリ」である。

これらのベースボール俳句からは、子規のベースボールに対する思いが、刻々と変化していく様子がよく表現されていると思う。

2）短歌（九首＋一首）

子規は明治31（１８９８）年、不治の病の床にあって、ベースボール短歌九首を詠んでいる。この九首は、子規歌稿『竹乃里歌』に所収された（明治31年5月）作であり、学生時代ベースボールに興じたことを懐かしみ、思い出して詠んだものである（『子規博館蔵名品集』18－19頁）。子規『筆まかせ抄』が「九首」としたのは「ベース、ボールは総て九の数にて組み立てたるもの」（43頁）と関連付けたのであろう。

子規のベースボール短歌「九首」は次の通りである。

○　久方のアメリカ人のはじめにしベースボールは見れど飽かぬかも（初案は面白きかな）

○　國人ととつ國人と打ちきそふベースボールはみればゆゝしも

○若人のすなる遊びはさはにあれどベースボールに如く者はあらじ
○九つの人九つのあらそひにベースボールの今日も暮れけり
○**今やかの三つのベースに人満ちてそゞろに胸のうちさわぐかな**
○九つの人九つの場をしめてベースボールの始まらんとす
○打ち揚ぐるボールは高く雲に入りて又落ち来る人の手の中に
○**打ちはづす球キャッチャーの手に在りてベースを人の行きがてにする**
○なかなかに打ち揚げたるは危かり草ゆく球のとゞまらなくに
（土屋文明・五味保義編『竹乃里歌』188―189頁）、（『子規博館蔵名品集』「竹乃里歌」18―19頁）（著者太字・傍線）

このベースボール短歌について、長谷川櫂『子規の宇宙』は「ベースボールの歌は、子規が訣別した青春時代をかなしみ、たたえる歌なのである。」（49―50頁）と述べている。また、楠木しげお『正岡子規ものがたり』は、第五首目の「今やかの・・・」について、「満塁はきんちょうする場面です。胸がどきどきします。これは、ほとんど寝たきりの病床にあった」ときに、「ボール狂だった、十年ほど前をおもいうかべて詠んだものでしょう。どこにも病人らしいかげりがなくて、みずからプレイを楽しんでいるようにあるのは、『つよい精神力病人』だった子規のすばらしいところです。」（46―47頁）と述べている。

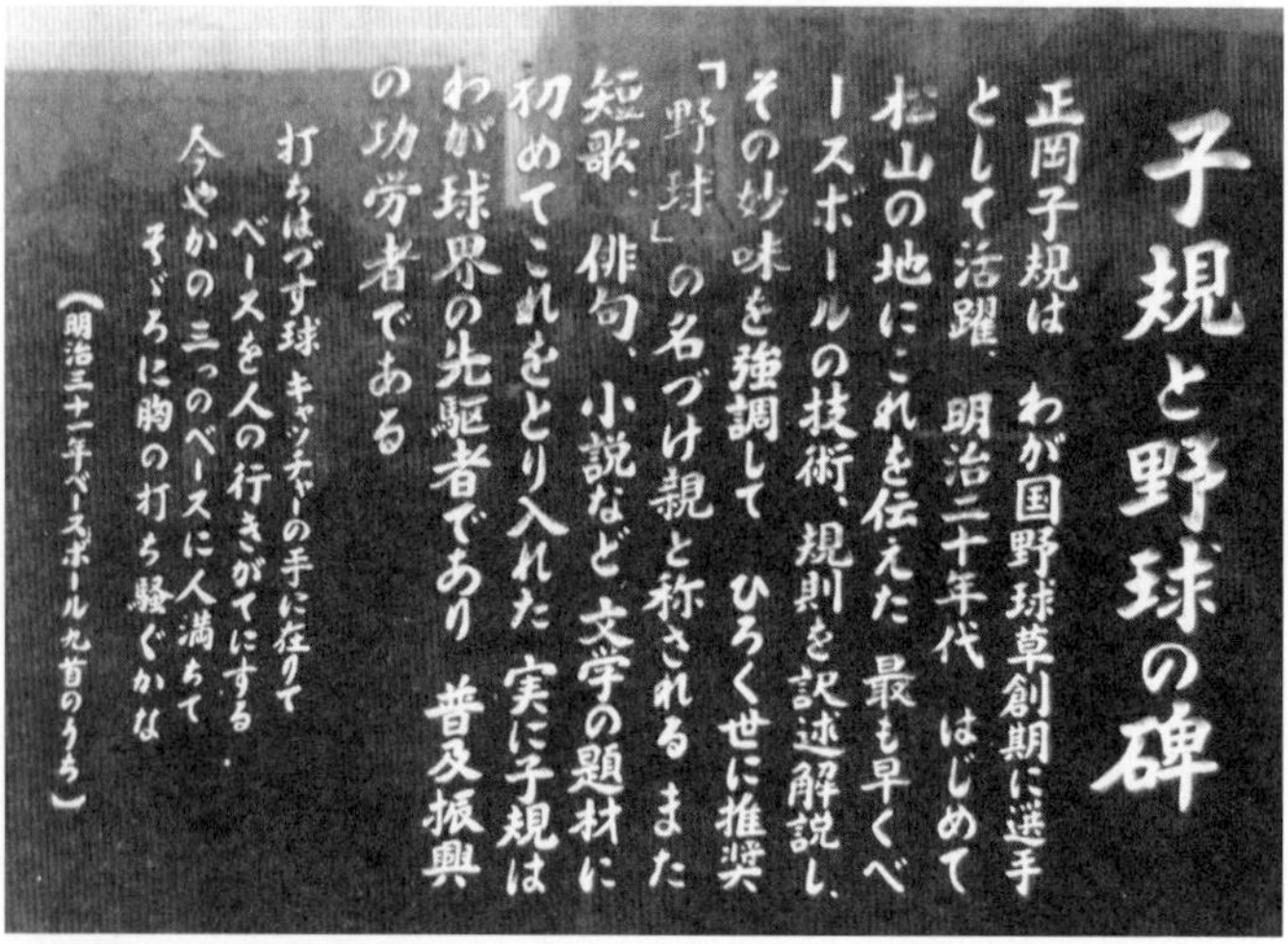
子規と野球の碑
正岡子規は わが国野球草創期に選手
として活躍 明治二十年代 はじめて
松山の地にこれを伝えた 最も早くべ
ースボールの技術、規則を訳述解説し、
その妙味を強調して ひろくせに推奨
「野球」の名づけ親と称される また
短歌、俳句、小説など 文学の題材に
初めてこれをとり入れた 実に子規は
わが球界の先駆者であり 普及振興
の功労者である
打ちはづす球 キャッチャーの手に在りて
ベースを人の行きがてにする
今やかの 三つのベースに人満ちて
そゞろに胸の打ち騒ぐかな
（明治三十一年ベースボール九首のうち）

（写真９）「子規堂」庭にある石碑（短歌二首）＜著者撮影＞

ちなみに「第一首はベースボールの楽しさ、第二首の『とつ国』とは外国のこと、第三首はベースボールが一番面白いと礼讃した歌、第四首は九人が九回戦で行うというベースボールゲームを紹介した歌、第五首は満塁の時の自ずからなる胸の昂《たか》まり、第六首は試合が始まる時の気持ちの昂《たか》ぶり、第七首はフライボールをしっかりと捕えられたという一齣、第八首は打ち損ねたボールがキャッチャーの手にあり、走者はそれを見て進むか戻るか迷っている。ベースボールの面白い一齣を捉えたもの。第九首は『なかなかに』はかえっての意味で、ボールを打ち上げるのは格好よく見えるが、かえって危険。草の上を転がる球の方がとどまるところがないものを、とボールの打ち方を教えている。」（黒沢勉『病者の文学正岡子規』103―104頁を著者要約）と評されている。
子規のこのベースボール短歌の内の二首（五首目と八首目）が松山市の「子規堂」にある石碑（写真9）に刻まれている。

ところで、子規は明治32（1899）年、もう一首ベースボールの歌を詠んでいる。それは「球及び球を打つ木を手握りてシャツ著《き》し見れば其時おもほゆ」であるが、この歌は明治23年3月に写真館で撮影し、大谷是空に送った例の「ボールとバットを携えたユニフォーム姿の写真」を取り出し、それを見て詠んだ歌だと言われている。
この歌について、平出『前掲書』は「哀切な一首であり、（略）愛着ある野球用具の物質観が呼び戻される中で、『其時』という言葉が暑い。そして、『其時』が遠い。」（185頁）と評している。

4 「野球（の・ボール）」と「野球（やきゅう）」

1）子規は野球（の・ボール）

ベースボールに初めて訳語を付けたのは正岡子規であろう。明治19（1886）年、子規は「球をもてあそぶ」という意味から「弄球《ろうきゅう》」とした。しかし、この語は定着しなかった。また明治23（1889）年3月に「野球」という雅号（ペンネーム）を使ったが、これは「やきゅう」と読ませるのではなく、「野の球（ボール）」すなわち「の・ボール」と読ませた。この「の・ボール」は、子規の幼名である「升《のぼる》」をもじったものである。

久保田正文『正岡子規』は「『野球』という語（文字の配列？）を、とにかく最初に組みあわせて使用したのは、ほかならぬ子規であったとは言いうる。しかし、その意味、そのつかいかたは、ベースボールの訳語として、その意味をもたせてつかったと言うことはできない。けれども同時に、まったく無関係につかわれたわけでもなかったということも事実なのである。」（186―187頁）と述べている。

子規は生涯、野球（やきゅう）を使わず、常にベースボールであった。先の3―1）・2）で紹介した「俳句・短歌」に至るまで、全てベースボールであった。

2）野球（やきゅう）は中馬庚

ベースボールが日本に伝えられてから、ずっとベースボールがそのまま使われた。そして、初めてベースボールを「野球（やきゅう）」と訳したのは、一高コーチの中馬庚《ちゅうまかのえ》であった。「同氏は始め、ベースボールを『底球』、次に『壘球』などゝ譯されたが、明治二十七年の夏（川本信正『前掲書』は「秋」としている）本稿『第一高等學校野球部史』を書かれるに際して、『テニスはコートでやるから庭球、ベース・ボールはフィールドでやるから野球はどうだらう』と發案した所、一同の大賛成を得て、本稿『野球部史』に始めて『野球の文字《もんじ》』を使用されたといふことである。」（庄野編著『前掲書』14頁）

そこで、部員たちの賛同を得た中馬庚の提案は、早速これまでの「ベースボール部」を「野球部」に改称させ、翌（明治28）年には『一高野球部史』を発刊させることになったのである。

ところで、この『一高野球部史』は明治28年2月22日発行の『校友會雑誌號外』として出されるが、城井『前掲書』によると「中馬庚が『野球』という訳語を考え出したときには、すでに部史の本文が組み上がっていた」（134頁）ので、本文全てにわたって「野球」という語に訂正できなかった。よって、「文中『野球』という語が使われているのは、表紙と例言、そして本文一ページ冒頭の『野球部史附規則』の三ヵ所だけである。本文は勿論、『ベーすぼーる』の語が使用されており、また各ページの脇の柱も『ベーすぼーる部史』となっている。」（133―134頁）そうである。早速著者も、第一高等學校校友會編『校友會雑誌號外』を確認してみたところ、その通りであった。なお（もともとの）本文ではベースボールではなく、「ベーすぼーる」という平仮名が使われていたのには驚かされた。

つまり、野球部改称以前は（正しくは）「ベーすぼる部」であったということである。

ここで、子規と（3歳下の）中馬との交流はあったかどうかに興味を覚えるが、この点について、明治41（1908）年一高卒で野球部に所属していた君島一郎『前掲書』は「一高ベースボール部（中馬）と子規との接点はなかった」（80頁）と述べている。

また、久保田正文『前掲書』は「子規が『松蘿玉液《しょうらぎょくえき》』〈註5〉で『ベースボール』と書いたのは明治二十九年七月である。そこで、子規は、依然としてベースボールということばをつかっているが、その他の用語については中馬（略）とまったく別の訳語を苦心してつくっているのである。そうしてみると、『野球』ということばについても、用語についても、二人の間にやはり直接にしろ間接にしろ、知識の交流はなかったということらしい。（略）ベースボールのことについては、ねっしんに注意をはらっていた子規のところへさえも、中馬の努力は二年間の時間を経ても伝わってこなかったものらしい。やはりそれは、特殊な限られた範囲での適用力しかもたなかったということができる。そのころにおける野球そのものの特殊性もそこから推測される。」（189―190頁）と述べている通り、子規と中馬の二人の関係性を否定している。

なお、中馬庚（人物）と、明治30（1897）年出版の『野球』については、第4章1―7）で述べることにする。

5　子規のベースボール解説

正岡子規は明治23（1890）年に東大文科に進学するが、明治26（1893）年3月に退学する。子規は、その前年の12月に「日本新聞社」に入社している。そして明治28（1895）年、日清戦争（遼東半島）に記者として従軍するが、その帰途大量の喀血をしてしまい神戸病院に入院、須磨院で療養後松山に帰省する。このときに、50日余り夏目漱石と同居したのは有名な話である。

明治29年3月には、脊椎カリエスで腰部を手術。4月には再手術も失敗し、歩行困難（寝たきり）となる。そんな最悪の状態のなかで、「新聞日本」に『松蘿玉液』を連載するのである。

そして、連載中の7月19日、23日、27日の3回に渡って「ベースボール記事」を書くのであるが、この3回の記事は「字数にして約五千二百字、原稿用紙にして十三枚に及んだ。」（黒沢勉『前掲書』89頁）そうである。また、子規がこの記事を書くきっかけとなったのは、明治29年5月末の日米（一高対横浜居留地外国人）戦で（母校）一高がアメリカに勝利したことに触発されたからだと言われている。

そこで、子規『松蘿玉液』が書いた記事であるが、子規は「ベースボール（略）は、これを行う者きわめて少なく、これを知る人の区域も非常に狭く、最近では一高と在横浜米人とが試合をしてからは、ベースボールという語がすみずみまで世の中の人々の耳に入っていった。しかし、ベースボールがどういうものかを知る人はほとんどいなかった。ベースボールは、もともとは亜米利加《アメリカ》合衆国の国技というものであり、それはわが国における（あたかも）相撲《すもう》や西班牙《スペイン》における闘牛等と同様なものであろう。」（33頁）と述べている通り、多くの人たちにベースボールという新しい遊戯（スポーツ）を、知ってもらいたいというのが狙いであった。

次に、子規は「一高のベースボールの経歴は、今日まで14・15年経っていると言えるが（もっともこの間生徒は常に交代している）、一高ベースボールがほぼ完成したと言えるのは、明治23・24年以降であると思われる。これまでは真の遊び半分という様な状況だったが、これ以降は、やや真面目な技術となり、技術的に進歩し整えられたと言えよう。少なくとも、形式的に整えられ始めたと言える。」（34頁）と書き、例えばキャッチャーが「面と小手（撃剣に用いるもの）」を着けて直球を攫むようになったり、またピッチャーが「正投（上手投げから直球やカーブ）」を学んだり、これまでは「九球」で一塁に歩いたのが「四球（あるいは六球）」に改められたことなどを解説している。〈註6〉

さらに、子規は「競技場」を図2の通り示し、併せてポジション名とその位置を示している。それによると、「基」は現在の「塁（ベース）」であり、「第一・二・三基人」はそれぞれファースト・セカンド・サードであり、「短遮」はショート、「投者」はピッチャー（投手）、「攫者」はキャッチャー（捕手）である。また、外野の「場左・右・中」はレフト（左翼手）、センター（中堅手）、ライト（右翼手）である。ちなみに現在でも使われている「打者、走者、四球、死球、飛球」という野球用語は、子規によるものである。

子規は、新ルールによるベースボールの試合の進め方(功者と防者)についても、具体的に丁寧に解説している。そのなかで、ピッチャーの投球(正投)には「外曲《アウトカーブ》、内曲《インカーブ》、堕落《ドロップ》等種々あり、打者の眼を欺いて、悪球を打たせようとすることがある。」(41頁)と書いている。そして、最後に「ベースボールの特色」を次の通り書いて、この記事(解説)を締めくくっている。

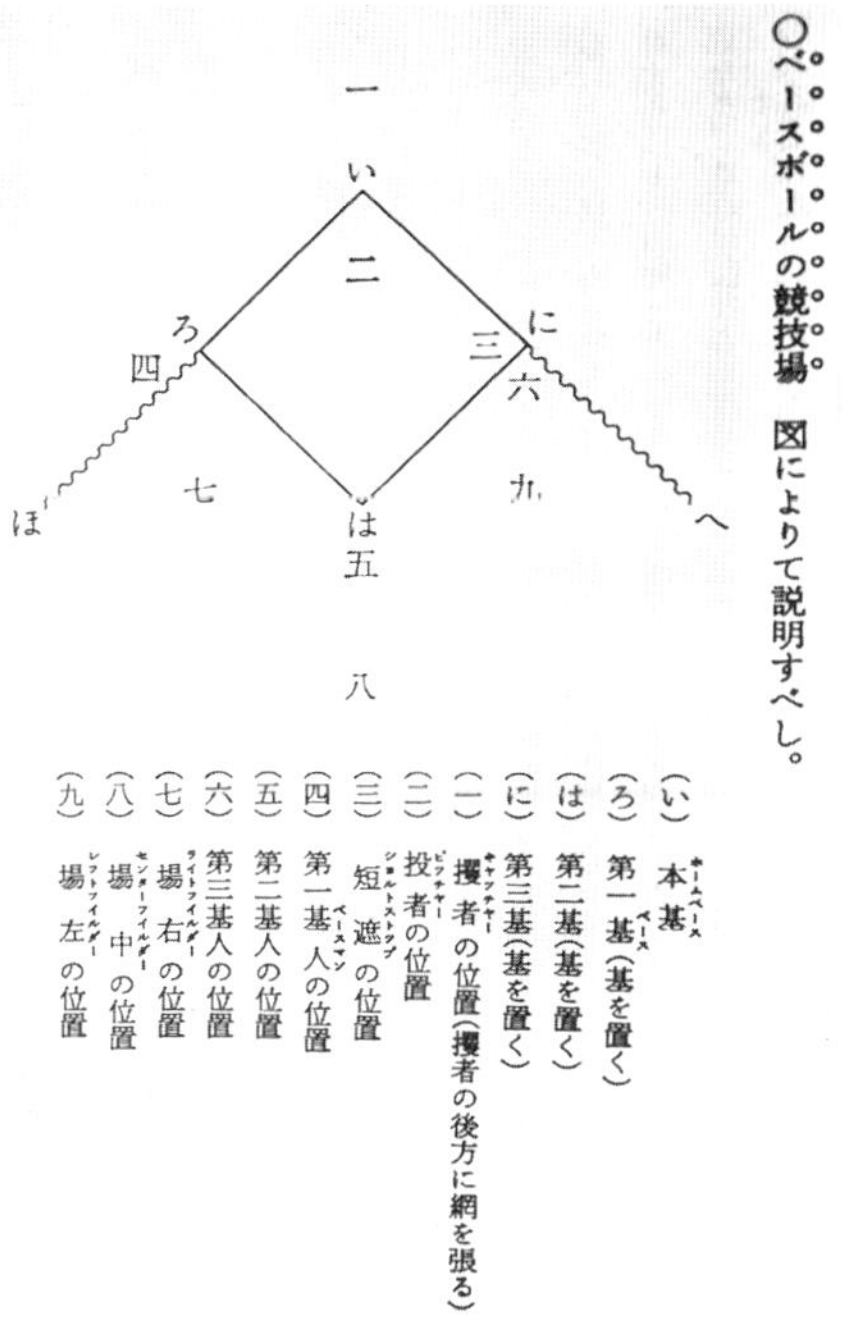

(図2)ベースボールの競技場と守備の位置

競漕競馬競走のその方法は、非常に簡単で、勝負は遅いか速いかのどちらかに過ぎない。よって、傍観者の興味は薄い。(それに比べると)球戯のその方法は、複雑であり変化が多いので傍観者には面白く感じられる。さらに、所作が活発であり、生気があるのがこの遊技の特色であるので、傍観者を思わず喝采させることが多々ある。
但し、この遊びは、遊技者にとっても、また傍観者にとっても多少の危険は免れない。よって、傍観者は攫者《キャッチャー》の左右または後方に居る様にするのが良い。ベースボールには未だ訳語がない。今ここに掲げた訳語は小生の創意によるものである。よって、訳語が適切でないことは自覚しているが、あまりに忙しくてどのように工夫して良いか分からない。りっぱな人がいれば、私に正解を教えてください。（七月二十七日）升《のぼる》（42頁）
（本項5の引用文については、著者が現代文にした）

以上、正岡子規の『松蘿玉液』「ベースボール」（33—42頁）の概要を述べた。この当時の「新聞日本」の発行部数について、黒沢勉『前掲書』は「子規の文学活動の拠点となったのがこの新聞であることを思う時、全国紙としての部数の多さに注目すべきであろう。」（103頁）と述べるとともに、明治31（1898）年の発行部数表（102頁）を示している。それによると「東京府下が149万2576部、他府県下が314万2148部、在邦在留外国人が18974部、外国在留日本人宛が2万8263部（合計466万4884部）」であった。
この「新聞日本」の発行部数の多さからして、子規の「ベースボール記事」は多くの人たちに読まれたと思われ、ベースボール（の存在）を世間に知らしめるうえで、大きな役割を果たしたことは確かであろう。

第4章　一高（第一高等中学・高等学校）野球部の発展と覇権確立

ベースボールの日本伝来（明治5年）から、明治20年初めころまでは、いわゆる旧式（初歩的）ベースボールであった。しかし、明治23・24年ころからのベースボール（野球）は一気に進歩・向上し、学生野球部の活動（対校戦）も活発になっていった。そのなかで、野球界を牽引したのが一高（第一高等中学・高等学校）であった。

1　一高ベースボール・野球部

1）ベースボール会（部）の発足

日本における最初の対校戦は、明治16（1883）年の波羅大学（後の明治学院）と工部大学校（後の東大工学部）の試合とされている。その3年後になるが「一高野球部の起りは、そもそも東京大学法学部の英人教師ストレンジ氏（〈註3〉参照）が同大学予備門にボート会と共に、ベースボール会を起し、明治十九年四月大学予備門が改まって第一高等中学校になるや、法学部ベースボール会と工学部ベースボール会を合併し、ここに一中野球部（正確にはベースボール会）と成つたに始まる。」と『一高対三高野球戦史』（39頁）に書かれているが、当初はボートに人気が集まり、ベースボールの方はあまり振るわなかったようである。なお、ストレンジは明治16（1883）年、東京大学（法・理・文）と予備門合同の「陸上運動会」（写真10）を神田一ツ橋の運動場で開催することを提唱して実施したり、また翌年には第1回瑞鄭競漕会を、隅田川向島で開催して審判を務めている。

明治22年春に、一高は神田一ツ橋から向ケ丘に移り、翌年3月に寄宿寮完成とともに多くの学生（寮生）たちがベースボール部に入ってきたことから、ようやく盛んになった。しかしまだ目立つ存在ではなく、当時牛耳っていた新橋倶楽部を除いた溜池倶楽部（農学校、商業校、三田の有力選手を集めた倶楽部）や白金倶楽部、学校では駒場農学校や明治学院、慶応、商業校（現一橋大学）と同等で、いまだ抜きん出た存在ではなかった。

明治23年4月、向ケ丘に移ってから急に力をつけてきた一高は「商業校に40余点の大差をつけて大勝してから、大いに自信を昂《たか》めたが、次いで、明治学院との対戦に、有名なインブリー事件と云うのが惹起した。この事件が一高野球部と校友全員を刺激し、一大発奮の機会となつた。」（『前掲野球戦史』39頁）ということであるが、まずはこの「インブリー事件」について、次項2）で述べることにしたい。

2）イン（ム）ブリー事件の真相

明治23（1890）年5月17日、第一高等中学校（以下、一中）のグラウンド（校庭）において、明治学院と一中の試合が行われた。正岡子規は、かつてのメンバー岩岡保作がピッチャーで出場するというのを聞いて、この試合を観戦するために出かけた。子規は、結核と診断されていたために、すでに一中ベースボール部からは離れていた。

実は、この試合大変な傷害事件が起きてしまい、途中で中止になってしまうのである。

この試合の様子について、君島『前掲書』は、子規が「第四イニングの終りに学校はすでに十余ほどまけたり。そのまけ方は見苦しきに至りなり。折から明治学院の教師インブリー氏学校の垣をこえて入り来りしかば、校生大いに怒り之を打擲して負傷せしめたり」

（写真10）明治18年6月6日に行われた神田一ツ橋「東京大学と予備門合同の運動競技会」

と「明治二十三年五月の筆まかせ・第三のまき」に書いている（75頁）ことを紹介している。しかし、この子規が書いている試合経過や得点差は、正確でない。正しくは6回までに、一中は明治学院に6点差をつけられていたのである。このインブリー事件について、『向陵誌』は次の通り書いている。

此日吾勢振はず六回に於ては既に六點を輸せしが時遇々同日を以て開かれたる柔道部大會の終結を告げたる頃にして白衣の稽古着見物場に充滿せり。彼等は吾部の敗れんとするを見て切齒扼腕せるに際し一大洋漢あり校垣を越えて場内に闖入せり。此に至つて其の無禮を詰責せんとして柔道部員を眞先に寮生忽ちにして彼を取り圍み、人多きため言語通ぜざるに當り血氣の士或は石を飛ばすありて遂に其顏を傷けたり。是に於て寮委員赤沼金三郎氏等は事重大に赴かざらしめんがため東奔西走和解に之努め遂に彼我相互の禮讓を以て漸く此の幕を閉ぢぬ。此の洋漢こそ北米神學博士イムブリー氏なりけれ。此混亂中試合を中止すること正に半時。會〻白金は其の選手の負傷を名として試合中止を求めたるに依り我部も之を許して散會せり。此日試合は中止せられたるに依り未だ勝敗の數を知るに由なしと雖も我部の南風競はざりしは事實はして會員は之を以て敗戰に類せりとなし、悉く謹愼し不日雪辱をなさんことを誓ひたり。（654頁）

また、大和球士『日本野球史　明治篇』は「イムブリー事件とは、明治二十三年五月十七日に一高が明治学院との試合を、一高校庭で行っていた六回目、神学博士イムブリーが、低い垣根をまたいで試合場にはいってきたのを、〝神聖な垣根を犯すやつ〟ということから、一高生が怒り、愚行に及んだ事件であった」と簡潔に述べているが、森まゆみ『子規の音』によると、「一高生は正面主義といって、構内に入るのも正面で一礼する習わしであり、グラウンドの垣根は『魂の垣根』といって聖地化されていた。」（89頁）ということである。

大和『前掲書』は、このインブリー氏を傷付けた犯人（下手人）探しについて言及している。これについて大和は、当初「多数の中に犯人を見出すのは不能として、下手人は不明」としていたそうだが、その後「一高百三十六回寄宿寮委員編『一高魂物語』に、寮委員岩岡保作がバットをもってイムブリーの顔を叩いたと明記してあった。」（76頁）ことから、「イムブリー事件に関する著作であいまいであった暴行者の名前がこれによって判明し、一件落着、と書いておいたところ、また真犯人が登場する」（76頁）ことになったと述べている。その根拠として、大正五年版朝日新聞社編『野球年鑑』に書かれている次の引用文を紹介している。

野球史で八釜《やかま》しいイムブリー事件の下手人は石堂博士である。石を投げてイムブリーを傷つけたとあるが、実は石で撲ったのだ。当時横浜などの外字新聞は『一高こそアンチ・フォーレン・フィーリングの淵源《えんげん》なれ』などと大きな活字で書き立て、国際問題も持ち上がらんとする形勢であったので、石堂は当時の校長木下博士に自主してでた。なあに、俺が引き受けてやると、校長が侠気をおこして奔走してくれたのでようやく無事に済んだのだ（福井博士談）。（76頁）

そこで、右引用文の出所は、庄野編著『東京六大学全集』であると思われる。それには「石堂博士（元宇治火薬製造所に奉職）が石で擲《なぐ》つた。（略）國際問題も持上がらんずる形勢であつたので、石堂は當時の校長木下廣次郎法學博士に自首して出た。」（19頁）とある。どうやら、石堂がこの傷害事件を起こした真犯人であろう。

しかし、インブリー事件の真犯人説はこれで終らない。２０１７年、これまでにない新説が現われて驚いている。それは、新潮社から出版された森まゆみ著『子規の音』（2017）によるものである。森まゆみ『前掲書』は「応援に来たアメリカ人がカジュアルな振る舞いでたやすく（垣根を）越えたのである。押し問答のさなか、子規は『打擲《ちょうちゃく》し負傷せしめたり』と書いているが、一高生がナイフでインブリーの顔面を刺し、重傷を負わせたのが真相。」（89頁）と述べているのである。

しかしながら、この新説（真相）の出所（著書・資料）が明らかでないし、一高生（の誰か）が何故（物騒な）ナイフを所持していたのかということを考えると、この森説には疑問を抱かざるを得ない。〈註7〉

いずれにしても、このインブリー事件については表3の通り、さまざまな言及（説）があることを示しておきたい。

ところで、ここで気になるのは、インブリー事件（試合）当日の結末である。この試合「折角高潮に達した試合は三十分餘中止され、結局明治學院は村山氏が負傷したのを理由に試合の中止を申込み、其のまゝ散會することになつた。」（飛田『前掲書』17頁）そして、事件（騒動）の方は「一中側が（略）委員を派し陳謝した。インブリー氏もまた（略）不心得であったことを述べ、圓満に解決された。」（17頁）とのことである。

では、この試合を観戦していた正岡子規は、どうしたのであろうか？　子規は、岩岡保作の応援に来ていたのであるが、「岩岡保作前日肩を痛めて投球意の如く成らざるに、第三回には捕手鹽屋《えんや》益次郎氏が指頭《しとう》を傷つけ、漸次追込まれて六回には六點の開きを見せ」（飛田『前掲書』16頁）（著者傍線）られてがっかりしていたところに、暴力事件によって試合が中断。子規はおそらく、うんざりしてグランドを去ったのではなかろうかと思われる。

なお、右傍線部であるが、城井『前掲書』は「塩谷のポジションはファースト、三回に指を怪我する」（101頁）と述べている。果たして、塩谷のポジションはどちらであったのか定かでない。なお同年11月8日、一高は明治学院と再試合を行うが、このときの塩屋益次郎はRF（ライト）を守っている。

3）応援団の成立と問題

明治23（1889）年春、一高（一中）は本郷向ケ丘に移転し、翌年には寄宿舎が完成する。学生はこの寄宿舎に入寮すると、ベースボール会（部）に多くの寮生たちが入った。寄宿舎の前庭では、ベースボール熱が高まりノックがよく行われた。また校庭では、毎日昼休みと夕方、キャッチボールや試合が行われた。やがて校内には球音が絶えず、それを見に来る学生数も増えた。この学生たちが応援団（弥次隊）へと結束していくことになった。

ところで、一高の教育方針は、当時の森有礼《ありのり》（初代文部大臣）の「国家主義的教育とそのための師範学校教育の充実、その際とくに寄宿制度と（兵式）体操の導入によって身体を規律訓練する方策」（清水『甲子園のアルケオロジー』122頁）の影響を受けた。そして、明治21（1888）年、森文部大臣の意を受けて一高教頭（―校長）に就任した木下広次は「森有礼の国家主義的思考のもと、エリートを養成するために（略）とくに徳育を重視し、寮生活もまさにその一環として考えたのである。」（127頁）

（表３）インブリー事件の真相についての諸説

傷害の原因	下手人(犯人)名	記載文献	著者名	発刊年
打擲	一高生	正岡子規「筆まかせ・第三のまき」	正岡子規	1890
石で撲る	石堂博士	野球年鑑（大正５年）	朝日新聞社	1930
石でなぐる	石堂博士	六大学野球全集（上巻）	庄野義信編著	1931
投石	気早の連中	日本野球戦史	横井春野	1932
投石	血気の士	向陵誌第二巻「一高野球部部史」	野見山・御影池編	1937
石で撲る	石堂博士	一高対三高野球戦史	服部喜久雄編	1954
投石	柔道部員の一人	野球五十年	大和球士	1955
バットで叩く	岩岡保作	日本野球史・明治篇 ＜注１＞	大和球士	1977
暴行	一高生	学習院野球部史誌	野球部編	1995
瓦片	いずれより誰か	正岡子規ベースボールに賭けた生涯 ＜注２＞	城井睦夫	1996
ナイフ（で顔面を刺す）	一高生	子規の音	森まゆみ	2017

＜注１＞ 一高三十六回寄宿寮委員編「一高魂物語」
＜注２＞「明治ニュース事典」毎日コミニュケーションズ刊（1983）

＜諸文献により著者作成＞

木下は、世間の乱れた風俗から遮断するために寮を建て、ここで道徳心を養生させることの実現を考えていたのである。

こうしたなかで、一高ベースボール会（部）が向ケ丘に移り急激に強くなっていったのは、まさにこの寮生活のおかげであった。佐山和夫『前掲書』は「同僚の者同士にとっては、それはこのうえなく強固な連帯間の巣だった。寮生活をするとなると、通学に取られる時間がなくなるわけで、それだけベースボールに注入できる時間が増えた。練習量が激増した。」（110頁）と述べている。

こうして、一高のベースボール（野球）は、明治23年9月に組織化された「交友会」（全校関係者全員が一丸となる）の応援にも支えられるなか、（一高独特の）厳しい練習によって急速に強くなっていくのであるが、それに伴って応援する学生たちの数も増えた。そして、対外試合が行われるときには、選手以外の学生たちが大勢押しかける習慣がつくられていった。やがて野球と応援（団）は切っても切れない関係となった。

明治29（１８９６）年5月23日の初の国際試合（一高対横浜居留地外国人）１回戦では、東京から（列車や徒歩で）数百人の学生が横浜まで出向いた。また明治34年6月３日の7回戦になると、千人を超える学生が応援のために集まった。この後の明治39年には、一高・三高対校戦が始まるが、このころになると、応援団による応援が激しさを増し、野次と怒号は当たり前、鳴りもの（大太鼓、ドラム缶、金たらいなど）や大・小旗、青竹（地面をたたいて砂煙を上げ守備妨害する）までも用いるようになっていった。

ところで、応援団の役割は試合の応援だけではなかった。野球部が遠征する前には、盛大な壮行会を行った。明治32（1899）年3月、一高は二高（現東北大学）から、野球と柔道の挑戦を受けた。このときの壮行会について、大和『野球五十年』は「四月七日、校庭に六〇〇の学生があつまり、声援帯が先登に選手を中にして後部に送別隊がつづき、上野不忍池《しのばずいけ》畔から隊伍を組んで上野駅にむかった。歩武粛然―送第一高等学校選手ノ遠征―の長旒《ちょうりゅう》が朝風にひるがえる。西郷銅像前の送別式には学生代表塩谷《しおや》温が悲壮な口調で北征をおくった。野球部万歳、柔道部万歳の声は上野の山をゆるがすばかり」（65頁）であったと述べている。ちなみにこうして盛大に送ってもらった野球部であったが、（柔道部は勝ったものの）15対21で二高に敗れてしまい、学生や先輩たち、応援団を落胆させてしまった。

以上、一高の応援（団）の成立とその後の展開について述べたが、明治後半になると（全国的に）応援団の過熱が、しばしば問題を引き起こすようになった。例えば、先の2）で述べた明治23年の「インブリー（傷害）事件」は、応援の過熱によるトラブルの最初であった。

佐山『前掲書』によると、明治期末は「ちょうど時代は応援団による『贔屓《ひいき》の引き倒し』が、日本でも頻繁に起こっていたときである。ちいさないさかいはいつものこと。（略）それは野球とは不即不離のかたちで続いていた」（140頁）そうであり、明治の終りころには、応援団の過熱はいつでも暴走の危機をはらんでいた。例えば、（後の）第5章3「早慶戦中止へ」で述べることになるが、明治39年の早慶3回戦の中止は、双方の応援団による過激な行動が引き金となったのである。

ここで一つ付記しておきたいことがある。それは、早慶戦が中止となる前（明治38）年の早稲田寄宿生による早慶戦での応援である。この試合では、アメリカ式にカレッジエールを唱し、手には小旗を持って、自チームを応援した。この試合ではこれまでのような「罵言、冷評等は一掃せられ正正堂堂の応援」（庄野編著『前掲書』35頁）であった。この応援の仕方は、明治38年に早大野球部がアメリカ遠征をした際に学んできたものであった。

しかしながらこのアメリカ式応援はこれ一回きりで、これ以降、早稲田（応援団）をはじめ他校が、これを採用することはなかった。

4）旧ルールから新ルールへ

明治23（1890）年になると、これまでの旧ルールが廃止され、新ルールが採用されることから、ベースボール（野球）は大きく変化していく。

飛田『前掲書』によると、以前は「投手は直球一點張で、捕手はワンバウンドキャッチであつた。即ち三振の場合でも、フアウルの時でも、ワンバウンドで捕へればアウトになつたのである。（略）ストライクはこれをわかつて、高、中、下の三とし、眼より乳に至るをハイボールとし、乳より腰に至るをフエアとし、腰より膝に至るものをロウと名づけ、打者は一々ボツクスに入る前、審判者にその欲するところを通じ、審判者は高くこれを球場内に告げ、打者の要求外の球はすべて無効とした。當時はナインボールであつた。（略）何しろ打者の好むところに投げ込んでやるのだから危険この上もなく、投手は打たせんがために投げてやるようなものであつた。」（6—7頁）そうであるが、明治23年になると（これまでのルールは廃止され）新ルールが採用されることになる。例えば、捕手のワンバウンドキャッチを廃《はい》し、ファウルや三振アウトをダイレクトキャッチに改めたり、打者の「要求ボール制」を廃したり、ナインボール（9球）制をファイブボール（5球）制に改められたりした。

ところでこの出塁制、明治24（１８９１）年には（アメリカより2年遅れて）「4球（フォアボール）制」が伝えられるのであるが、その採用は日本ではかなり遅れた。明治29（１８９６）年5月13日の日米戦で、「青井投手常を失すスミスに四球を與ふ」（『野球年鑑』69頁）とある通り、これが最初であったのではなかろうか。そして、この「4球制」が完全に定着したのは、明治35年ころであったと思われる。（〈註6〉参照）

また投手の投球法も、アメリカでは1884（明治17）年から可能になっていたオーバー・ハンド・スローからのカーブ（イン・アウト・ドロップ）が、試みられるようになったことも大きな変革であった。

いずれにしても、こうした明治23年以降の新ルールの採用は、試合内容を大きく変革させるとともに、技術面の向上も図っていくことになったのである。

5）覇業獲得から黄金期

第一高等中学・高等学校（一高）ベースボール・野球部の活動・活躍は、明治期の学生野球界の進歩・発展に大きな役割を果たすことになる。一高の黄金期は、明治23（1890）年11月8日、明治学院との2回戦に26対2で勝利して以降、明治37（1904）年6月1・2日、早稲田に6対9、慶応に10対11と連敗する前までの期間（15年間）を指すものである。

一高は明治23（1890）年11月8日、明治学院との再試合（第2戦）に勝って雪辱を果たした後、同月23日には溜池倶楽部を32対5で破った。さらに翌明治24年4月2日には、白金・溜池連合軍を大差で破り、ここに一高時代が訪れたのである。

ここで、一高が三強豪を破った試合状況についてもう少し詳しく述べておくと、最初の明治学院との対戦（第2戦）では「応援の学生は声を枯らして声援につとめ、勝試合を祈った。試合は学校をあげて心配したような経過はたどらず、猛練習の効果はてきめん、明学勢をはじめから圧倒しつづけ、五回にいたり一挙八点をあげて勝利を不動のものにした。（略）相手に許した点は二点だけ。二十六対二で大勝した。」（大和『前掲書』35頁）のであった。

この明治学院戦で、一高側捕手が初めてミットを使用し、福島金馬投手がカーブを投げて、明治学院の選手を翻弄《ほんろう》したのであった。このときの福島投手のカーブは、日本の試合で初めて投げられたもので、サイド・ハンド（横手）から繰り出されたものであった。

また、この試合では、バッター順にも工夫が凝らされた。これまでの（守備によって決まっていた）打順を改めて「一番セカンド中馬庚、二番ショート伴宣、三番キャッチャー伊木常誠、四番ライト塩谷益次郎という様にしたのであった。どうやら、この試合が打順を工夫して組んだはじめての試合であった。」（城井『前掲書』106頁）そうである。

そして、次の溜池倶楽部との対戦は、都下の大試合として注目を集めたが、自信満々の福島金馬投手は、沈着冷静なピッチングのこの日も5点に食い止め、一高打線は練習を積んだ充実した力を発揮して着々と得点を重ねて32点を奪った。32対5で大勝した一高は、選手と応援団が抱き合って泣いた。

翌明治24年、一高に破れた明治学院と溜池倶楽部はその悔しさが収まらず、何としても名誉挽回したいとの思いから、両者の連合チームを作って一高に挑むことになった。この挑戦を受けた一高は「練習は朝から夕に及び、苛烈をきわめた。（略）あらためて連合チームが指定したのは、四月二日であった。一高はこれも快諾した。四月二日、連合軍と一高は駒場原頭にあいまみえた。」（大和『前掲書』37―38頁）のであった。

この試合に臨むに当たって、一高は「機先を制し、相手を混乱させて主導権を握るべし」（38頁）との意気込みから、1回で4点を上げた。勝敗はこの初回で決まった。一高はその後も追加点を上げて10対4で勝ったのである。

ところで、一高の覇業確立を決定付けた相手チームの明学（白金）・溜池連合チームの出場メンバーは、明治学院3名、駒場農学校2名、慶応3名、商業1名、学習院1名の10名であった。このチームの敗因は、メンバーを各チームが選出するに当たり、チームの中核である投手と捕手を重点的にピックアップしたことにあった。つまりこのことによって、多くの選手が慣れないポジションに着くことになり、エラーを続出させてしまったからであった。

こうして一高は、三大大会に全勝して以降、試合相手がいなくなった。このときの状況を、『向陵誌』は次の通り書いている。

茲に連勝の榮を荷ふに至り今や吾部は覇業の確立を成し得たる感ありき。即ち溜池は烏合の勢なり、三田は幼冲なり、白金亦凋落昔日の概なく我部對敵なく、意氣自から弛めるの時に當り十一月十七日白金よりの挑戦に接し、翌十八日白金に於て試合し一擧之を屠《ほふ》りぬ。今や都下に於て我に應ずるの敵なく法大（法科大学）教師米人チソン氏を介して横濱倶楽部に挑みしも應ぜず又都下米人の組織にかゝる東京倶楽部に挑みて辞せらる。只徒らに髀肉《ひにく》の嘆《たん》―功名を発揮する機会に恵まれないまま、いたずらに時を過ごす無念さを嘆くこと―をかこつのみ。（656頁）（著者傍線）

右引用文傍線部のことについて、大和『前掲書』は「その年の秋になって明学から挑戦された。（略）挑戦状を受けるとすぐ翌日試合して簡単に破ってしまった。明治二十四年度は二戦全勝したまま他に相手なく、そのまま年を越した。」（39頁）と述べている。ちなみに明治24年の2試合とは、すでに述べた通り、4月2日の白金・溜池連合チームと右傍線部の11月18日の白金（明学）戦である。なお、2試合目の白金戦の結果（得点）については、どの文献・資料からも明らかにできなかった。

明治25（1892）年の春（略）野球シーズンに入ったが、挑戦してくるチームがなかった。文字どおり（一高は）天下無敵の野球王国を形成したのであった。

こうした（試合相手のない）状況下の野球部は、部員たちが相談して、上級生の勇退を決めた。そして、新チームとなった一高野球部は、伝統になりつつあった猛練習に励んでから、明治学院と慶応に挑戦しようとしたが、やはり両校から断わられてしまった。

こうした状況のなか、なかなか挑戦してくるチームがなかったが、6月になって、青山倶楽部が勇敢にも挑戦してきた。そこで、6月10日青山英話学校校庭で試合をしたが、技量に差がありすぎて32対3で（一高が）大勝した。明治25年はこの1試合しかできなかった。

翌明治26（1893）年は、慶応から挑戦され、対慶応2試合を行った。これについて、『向陵誌』は「其後外患全く絶え二十六年六月十八日始めて慶應義塾より明十九日を以て會戰せむと書に接せり。事急にして成算我あるもの尠し。而して久しく渇望せる好敵手を逸するを惜み、部員の欲する者をして應戰せしめしに打撃手、投球、捕球共に敵後に落ること甚だしく遂に十一對十を以て敗れ連捷史玆に一頓挫を夾せり」（657頁）と書いている。

しかし、その後すぐに一高は慶応に再戦を申し込み、6月24日に白金の明治学院運動場において試合を行うことにした。この試合の前日23日、一高先輩チームと練習試合を行い勝った一高チームは、自信を強めて慶応と対戦した。結果は10対1で圧勝、見事に雪辱を果たしたのであった。

『向陵誌』は、慶応に雪辱を果たした直後からの一高の状況を、次の通り書いている。

一週間の恥辱は見事茲に雪《そそ》がれ、是より我部名史に高く、覇者の威愈盛にして四方正に無敵なり、此時に當り校内野球倶樂部の發達甚だ盛にして正に群雄割據の體をなし朝戰夕闘其の爭覇の激烈なること言語に絶せり、強者に土手下倶樂部、庭先倶樂部、食堂前倶樂部あり、互に其の優を競へるに當り窓下倶樂部起りて前三者を蹂躪して永く覇者の位置に立てり、已にして我部の視聴稗悉く外に向ひ倶樂部の内爭亦自ら絶え、頻りに外難を欲せる時に當り端なくも京都遠征の議は起りぬ（略）。（657—658頁）（著者傍線）

右引用文傍線部の通り、校内に倶楽部が多くできたのは、対外試合をしようにも相手がなかったので、余力が内にあふれた必然的現象であった。

大和『野球五十年』によると、明治27（1894）年、一高は「相手を求め虎視たんたんとしていたが、すでに都下に敵なく、遠く京都においては同志社が三高（現京都大学）をしばしばやぶり意気があがっていると聞き、西下して同志社と一戦をまじえようと挑戦状を発したが、同志社がどうしたものか応じなかったので、関西遠征の壮挙は敢行できなかった。」（42頁）そうである。

このように、相変わらず試合相手が見つからない一高は「都下数倶楽部に馳せ参じ、五月六日向ケ岡に混合戦を催さんことを誘ふ」と、この提案に多くの倶楽部が賛同し、「慶応義塾四人、高輪倶樂部一人、正則豫備校二人、赤坂倶樂部一人、青山英話學校一人、學習院一人、東都の俊驕 悉《ことごと》く會す、是爾來年々擧行せられ今日に及べる。」（『向陵誌』659頁）これは「都下連合大会（混合試合）」と称された。（図3）

この連合大会を開催して2カ月後、一高は「茲歳七月高等中學校令が廢せられ、高等學校令が發せられ、第一高等學校野球部」（『向陵誌』659頁）となった。

この後、明治28年には日清戦争があり、野球部は自粛して対外試合や遠征などを遠慮したので、盛り上がるものがなかった。春の練習も行い、校内倶楽部の対抗試合などは若干行ったが全く意気は上がらず、校庭は火が消えたような寂しさであった。

そんなか、明治28（1895）年6月22日になって、明治学院・慶応連合軍の挑戦を受けた。この試合、一高は学年試験直後で練習不足であったが、一高校庭に連合チームを招いた。久原《くはら》校長も臨場してこの試合の勝敗の行方を見守った。一高の投手は青井鉞男〈註7〉、得意のドロップを巧みに使い、連合チームを1点に抑えると同時に、打線も大いに奮起して12対1で大勝した。

一高は連合チームを破り、東都に覇をとなえたその秋、恒例の第二回連合大会を主催して王者の貫録を示したのは、10月5日のことであった。

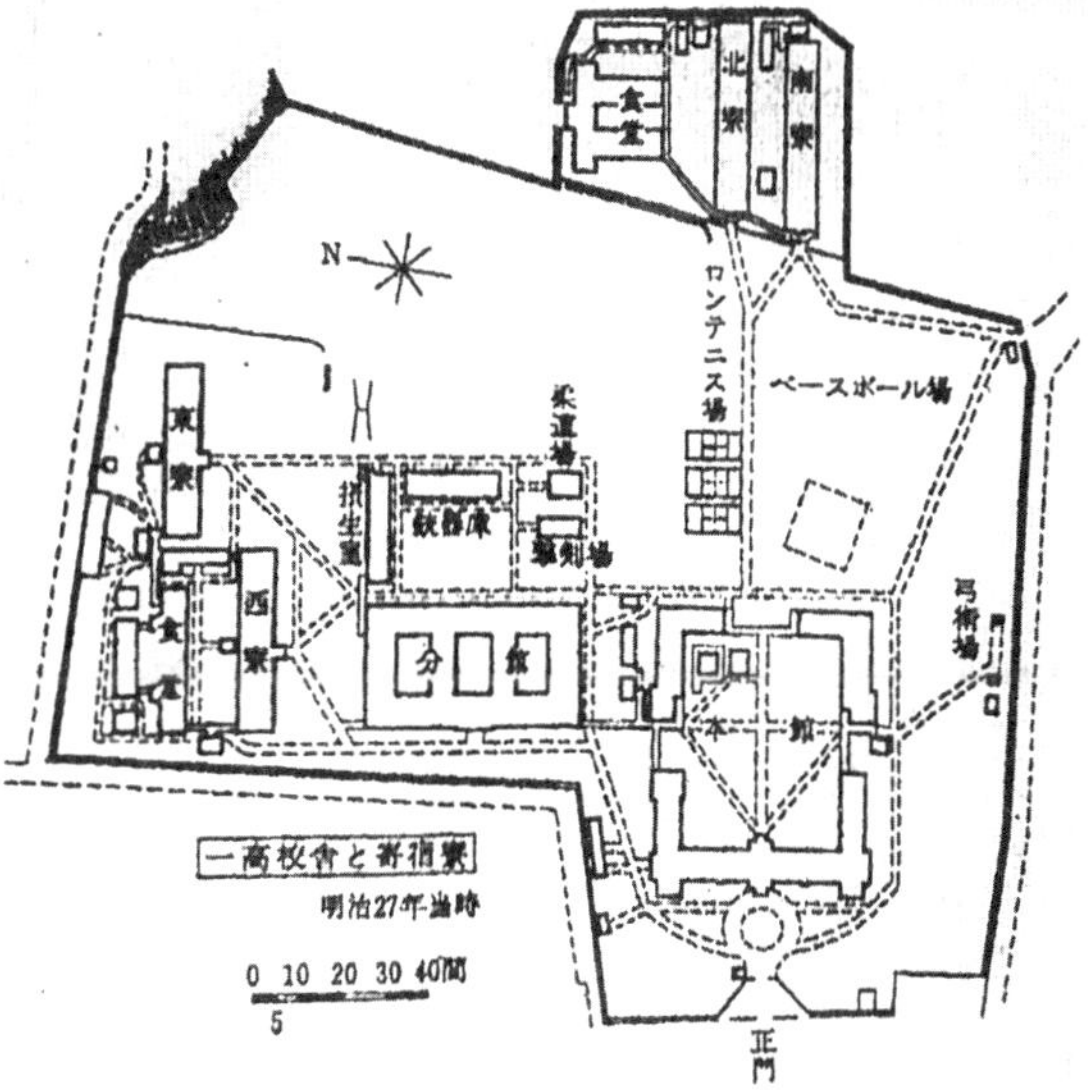

（図3）明治27（1894）年当時の一高敷地内俯瞰図

明けて明治29年2月8日、一高は「関東の雄明治学院と関西の豪同志社」との連合チーム（662頁）から挑戦を受けた。厳寒の中での試合は、技量伯仲して9回が終って同点。両チームの申し合わせで延長（10回）に入ったが、1点差で負けてしまった。しかし一高は、奪還に向けて猛練習を重ね、3月7日の雪辱戦に挑み12対7で勝利した。

この勝利を得た一高とすれば、後は横浜のアメリカ人チームと試合するよりほかに敵なしと思い続けていたところ、数年来の希望がやっと叶えられる機会が巡ってくるのである。そこで次項6）では、日本初の国際試合（一高対横浜居留地外国人による日米戦）について述べていくことにしたい。

6）初の国際試合（日米戦）

ベースボールは「われわれアメリカ人の国技である。その上、われわれの体格は諸君の倍もあるではないか。と、態よく断わりつづけられていた。」（大和『前掲書』46頁）一高野球部であったが、「二十八年当部員青井鉞男横濱に遊び彼等と識を得てより稍我情を解す。本校W.B.Mason先生亦大に周旋の勞を取られ、遂に明治二十九年五月二十三日午後三時を以て横濱に會戰せんことを約す」（『向陵誌』663頁）ことになった。（写真11）

この試合の約束は19日に決まったので、一高

（写真11）青井投手要する黄金時代の一高メンバー（明治29年）
－前列左から２人目が青井投手、後列左から２人目の背広姿が中馬庚（顧問）。

は試合前の練習を試みようとしたのであるが、毎日雨。そこで試合前日の22日、中馬と青井は雨中を横浜に出向いてアメリカ人チーム幹部と再交渉するのであるが、われわれは日曜は教会へ礼拝に行かなければならないし、次の日は事業多忙であるから、23日がもし試合ができなければ、試合は中止したいということであった。そこで、慌てた中馬と青井はすぐに東京に引き返し、23日に試合を行わなければならないことを部員に伝えるとともに、直ちに横浜に向けて出発することを生徒控室の掲示板で伝えた。

試合当日の朝は、霧雨がまだ降っていたが、時間が経つにつれて太陽が雲間から顔を見せるようになった。東京から数百人の一高生が大挙して応援のために横浜に向かった。

「午後一時選手入場し練習す、外人數輩、長軀肥體に我を冷笑する者の如し、一洋人ノックをなす、天日目を眩して我選手續いてフライを逸す、洋人自得傍に謂て曰く、Are they Playing? と、其小面憎さ言語に絶えたり、我選手は從容期する所あるが如し。」(『向陵誌』664頁) この試合の両チームのメンバーは、表4の通りであった。

午後3時、審判ストーン(Stone)によって試合は開始された。ボールはアメリカの新球であった。アメリカが先攻、一高は後攻であった。さてこの試合経過であるが、ボールがアメリカ製新球だったことから滑りやすく、一高エース青井〈註8〉は珍しく1番スミスに4球

（フォアボール）を与え、2番にはサードが1塁に悪送球してセーフ、3番エリスにも4球を与えてノーアウト満塁にしてしまった。「四番Abel長棍一揮すれば熱球飛で流星の如くL.F.を越えて外郭に達す校友色を失し洋客齊しく勸呼す、敵の生還二人（略）」（665頁）となった。アメリカチームはさらに2点を加えて、1回表で早くも4点を入れた。しかし、一高はその裏2点を返し、2回以降は青井も（ボールに慣れ）コントロール抜群の力を発揮し、アメリカチームを完全に抑える好投を演じた。また、一高打線は打って走ってと攻め立て、ついに29点を挙げて大勝したのであった。

試合が始まるまでは、

（表4）初の国際試合（日米）1回戦（明治29年）のオーダー表

	一高
S．S．	井原　外助
3．B．	村田　素一郎
1．B．	宮口　竹雄
L．F．	富永　敏麿
P．	青井　鉞男
C．	藤野　修吉
2．B．	井上　匡四朗
R．F．	上村　行榮
C．F．	森脇　幾茂
	横濱居留地外国人
3．B．	Smith
R．F．	Ginn
C．	Ellis
S．S．	Abel
1．B．	Tilden
P．	Schweger
L．F．	Crawford
C．F．	Hunts
2．B．	Longs

＜注1＞試合は明治29（1896）年5月23日
＜注2＞一高が29対4で勝利

一高の選手たちは巨漢揃いのアメリカチームから得点できるかどうか、若干の不安がつきまとっていたが、1回裏に2点を得点できたことと、2回表に青井が三者三振の快投を見せたことから、われわれは絶対勝てるとの信念がみなぎって、鍛えられた地力を回を追って思う存分発揮するようになった。そして、これが一高の勝因となった。

大和『野球五十年』は、一高のこの勝利を「わが国野球史に不滅の栄光を与えた決勝というべきであろう。応援団は相抱いてよろこびあい、それでもたりないと、人力車を雇い、選手をのせて公園から駅までおくった。（略）横浜の外人新聞メールもまた一高の快勝を大々的に報じた。」（53―54頁）と述べており、また『向陵誌』も次の通り書いている。

　洋人名はラルネツト氏、吾人の得意想う可し、一水兵あり我技の神に入るを嘆稱し然して曰く"If you go to America you will make large nr.oney.（もしも君がアメリカのプロチームに行ったならば、君は大金を稼ぐであろう）と、横濱外字新聞メールは曰く A Base-ball team of Y.C. & A.C. were badly beaten on Saturday by mine, From the Tokyo High School, being our-manoenvred at all points of the game.（横浜倶楽部・アスレチック倶楽部は、ゲームの全てのポイントで策略に優れた東京の高等学校に敗れた）（665頁）（著者訳）

そして、応援団に擁されて選手たちが東京に帰ると、一高挙げての大歓迎となった。「勝敗の決歴然となった後半ごろ、一足さきに帰校した学生たちは、灯を点じ、正門を開いて一行を迎えた。万歳万歳の声につつまれ、校庭にいざなわれた選手たち一千の学生の祝福を受けた。」（大和『前掲書』54頁）のである。

この後、一高は5月30日に都下連合大会を行い、王者の貫録を誇っていたところ「横浜から飛報あり、六月五日に二回戦をおこなおう、と。外人チームからの挑戦であった。それも単独の倶楽部ではなく、横浜倶楽部、アマチュア倶楽部、および停泊中のアメリカ軍艦チャールストン号、デトロイト号の連合軍である。（略）選手たちは十一時新橋発の列車に乗った。地方の小学校や中学校からの激励電報が殺到、選手たちをよろこばせ、横浜につくとビール二ダース、菓子三〇〇包の寄贈を申し出る者もあった。公園球場は万に近い大観衆にかこまれ、午後三時、メリマン審判によって試合が開始された。先攻は一高」（55頁）であった。

この2回戦は、1回表から一高が攻め立てて3点を先制、5回までに12点を挙げて連合チームの闘志をくじき、けっきょく23対9でこの2回戦も一高が圧勝した。

表5は、高橋慶太郎編『ベースボール術』が示した2回戦の「両軍の勝負表（スコアシート）」である。先に示した「子規の勝負附」（表2—1参照）と比べるとかなり進歩したスコア表になっている。

そこで、このシート（表5）の符号であるが、高橋編『前掲書』は「○はHBに歸りたる記號。×outの記號其右肩に123FHと記すへしこれは1B2B3BFHBのoutなり。三人のout生し打方よりfielding（守備）に代らんとする際ベースにありたる走者をStandingと云ひSを以て其記號とする之れは計算に入れさるものなり」（38頁）と説明している。

これらの記号について補足説明しておくと、○は得点。×はアウトであり、その右上のカンマ1・2・3は1塁・2塁・3塁ベースでのアウト。Fはフライ・アウト。HBはホーム・ベース（本塁）でのアウト。Sは残塁である。

（表5）一高対アメリカ（横浜居留地）外国人チームの勝負表
－明治29年6月5日（横浜）日米2回戦

Seat	Innings / Names	I	II	III	IV	V	VI	VII	VIII	IX	Sum
SS	井原	○	×′		○	S	×′		○	×′	3
3B	村田	X^{F}	×″		○		○×^{F}		×′	○	3
1B	宮口	×	×‴		×′		○	○	○	○	4
LF	富永	○		○	×′		○	○	×″	○	5
P	青井	○		○		×′	○	×″	×′	×^{H}	3
C	藤野	×′		×″		×	×′	○	S	○	2
2B	井上		○	×^{B}		○	○	×′		○×′	4
RF	上村		○	×^{H}		○	○	○		○	5
CF	森脇		○		×′	×‴	○	×″		○	3
	Total	3	3	2	2	2	7	4	2	7	32

Seat	Innings / Names	I	II	III	IV	V	VI	VII	VIII	IX	Sum
3B	Fllis	×″		×		○		×′	S	×‴	1
LF	Chipmeo	×′		×^{F}		S		×″	S	×‴	0
CF	Abel	S			×′	×		S	×^{F}	S	0
C	Golden	×			×′		○	×‴		○	2
2B	Douglas		×^{F}		×′		×′	S		○	1
P	Callen		×′			○	×″	S		○	2
RF	Wittny		×			×′	S		○	×‴	1
SS	Tilden			S		○	×^{F}		×″	○	2
1B	Casery			×		×″	S		×^{H}	S	0
	Total	0	0	0	0	3	1	0	1	4	9

此勝負は32に對する9にして高等學校は23の大勝なり

そしてこの2回戦終了後、長崎や神戸などで発行されている外字新聞に試合結果が報道されると、一高に対して外国（米国）人チームからの挑戦の申し込みがたびたびきた。そこで一高は、試験と会計（費用）の困難から横浜への遠征は不可能だと告げたが、米艦デトロイト号チームはわれわれが東京へ遠征することも可能だと回答してきたことから、一高も断ることができなくなり、学年試験を控えるなか、6月27日に一高校庭で試合をすることになった。

試合当日は、正午前から観客が押し寄せた。校庭にはざっと1万人が押し寄せた。渡邊子爵や木下校長はじめ知名人200人以上が天幕の中で観戦した。午後2時半敵軍校庭に入ってきた。外国人選手は巨漢ぞろいで美装のユニフォームを着ており、威容な姿であった。一高は前回と同じメンバーで臨んだ。

試合を始めるに当たって、審判をどちらのチームから出すかについてもめた。そこで、横浜に行けば必ずそのチームの人が審判をやったことから、一高側が今回はわが校庭で行うのであるから、一高関係者より審判を出すべきであると主張した。しかし、外国人は容易にそれを認めず、約10分余りもめたが、最終的には一高の主張が通って、審判は中馬庚が務めることになった。（写真12）

午後3時、試合は開始された。一高は2回に3点を挙げたが、デトロイト号チームもその裏、巨漢シモンズが寄宿舎南寮に届く大本塁打を打って観衆を驚かせた。前半からは大

（写真 12）明治 30（1897）年ころの一高の試合の模様
－審判は「野球」命名者の一高出身の中馬庚。

接戦の様相を思わせたが、後半になって外国人選手の疲れが目立つようになり、猛練習で鍛えた一高が疲れ知らずの猛打で攻め立て、けっきょく22対6でデトロイト号チームを破った。

一高に3連敗した外国人チームに対し、横浜から駆け付けた外国人たちの悲しみ憤りは極度に達したようで、何としても勝とうという在留外国人の憤激は「アメリカ独立祭記念日に試合して勝つべし」となり、一高にその旨申し込んできた。一高は一度は断わったが、再度礼を持って申し込まれたのでやむなく承諾することにした。

ここで思い浮かんだのは、正岡子規『松蘿玉液』が、国技とも言えるベースボールの試合で「米人のわれに負けたるをくやしがりて幾度も仕合を挑《いど》むは殆ど国辱とも思へばなるべし」（33頁）と述べていることであった。

いずれにしても、この3連戦を終え（3連敗した）アメリカと一高の両軍は、4回戦に向けて準備を進めていくことになるが、このときの状況を庄野編著『六大学野球全集』は次の通り書いている。

かくの如く外人三度戰つて三度敗れ、而かも尚《ただ》その國技に對して申譯なしとや思ひけん、同年七月四日米國獨立祭を期して復讐試合の會見を求めた。元より外人は此度こそ必ず辱《じょく》を雪《そそ》ぐべきなれば、練習は猛烈にして、然《しか》も碇泊中の米艦オリンピア號とアマチユアー倶楽部との聯合軍をなして、劒を磨き馬を肥して待つ勢。之に反して一高は已に夏季休校となり、嘗《かっ》て有りしが如き聲援者は少なかった。（12頁）

こうした状況のなかで、日米4回戦は「アメリカ独立記念祭」の7月4日に行われた。一高チームは、試合場の横浜公園に乗り込んだ。球場には星条旗が何十本も飾られ、軍楽隊のにぎやかな演奏、そして連続的に打ち上げられる花火にと、在留アメリカ人がこの一戦に懸ける思いのすごさを感じさせるものだった。

当初、相手は在留アメリカ人チームと思っていたが、旗艦オリンピア号との混合チームであり、しかも交換したメンバー表には、最初顔を合わせたときのチームの選手は3人しか見られず、残りの6人は全てオリンピア号の選手であった。

試合は「双方の打力大いにふるい、四回半ばまでに一高一〇対アメリカ六の形勢になった。四回半ばで相手は投手エクハドルをおろして、突如遊撃手チャーチをたてた。チャーチの投球に一高はぼう然とした。そのスピード、そのカーブ、いずれも容易に打ち得る球とも思えなかった。」（大和『野球五十年』60頁）

一高は、4回には2点を追加したが、5回以降はチャーチ投手の球を全く打てず、6・7・8回は三振に打ち取られる打者が多くなった。一高の青井投手もよく奮闘して8回まで10点に抑え、12対10で逃げ切れるかと思われたが、9回表に強打者チャーチに長打を浴びるなどして4点を奪われ、14対12と逆に2点リードされてしまった。9回裏、一高は逆転を狙ったが、チャーチの魔球を打ち崩すことができず、ついに「アメリカ独立記念祭」の試合に負けてしまったのである。

後日、判明したことは、アメリカのチャーチが「米國プロヘツシナル倶樂部の一員として、四ヶ月に四千弗（ドル）の厚給を得し者」（『向陵誌』669頁）であったということである。この4回戦、プロ選手チャーチに破れた一戦であったと言えるが、君島一郎『野球創世記』は、この試合後の一高について次の通り述べている。

この試合の教訓を取り入れて、一大改革を行ない、攻守とも一段の進歩を画した。そのうちの一つは、これまで選手九人中、捕手の他は素手、ピシャリピシャリと熱球をとり外人方が目をむいて驚くのを、心中ひそかに誇りともしていたのであるが、これを改めて全員にミットまたはグラブを用いることにし、同時に用具の製作にも力を注いだ。二つにはいわゆる科学的打法の研究であった。（90頁）

ここまで、初の国際試合（日米戦）である「一高対外国（米）人」の4回戦までの試合概況を述べたが、この日米戦はこの後も続く。ちなみに明治30（1897）年6月3日、横浜公園で行われた5回戦は一高が15対6で勝利。6月8日、一高校庭で行われた6回戦も18対7で一高が勝利した。5回戦では藤井国弘投手が、6回戦では青井鉞男投手がそれぞれ勝利投手となったが、青井は4回戦（敗戦投手）の雪辱を果たしたことになる。

ところで、この日米戦について、大谷泰照「明治のベースボール」は次の通り、大変貴重なデータをまとめているので紹介しておく。

その後（明治30年以降の）八年間に、一高はアメリカ人チームとさらに九度対戦したが、六対五で惜敗した一試合を除けば、残りはすべての試合に勝っている。二七対〇や三四対一などといった一方的な試合も相変わらず目立ち、合計一三試合の総得点は一高側二三〇点に対してアメリカ側はわずか六四点にすぎなかった。いったいどちら側の国技なのか、と疑われても仕方のない結果であった。（文藝春秋編『92年版ベストエッセ

イ集』316頁）

7）中馬庚と『野球』の出版

中馬庚については、第3章4―2）において、「野球（やきゅう）」の命名者として紹介しているが、ここでは中馬庚という人物と、彼が著した『野球』について述べておきたい。

そこで、まずは中馬について「野球殿堂博物館展示資料」には「中馬庚（１８７０―１９３２）は明治23年ベースボールを『野球』と翻訳した人で、又同30年には野球啓蒙（指導）書『野球』（大阪・文栄堂）を著作、これは単行本で刊行された本邦最初の専門書で我が国野球界の歴史的文献とされている。一高時代は二塁手、大学に進むやコーチ・監督として後輩を指導、明治草創時代の学生野球の育ての親として、昭和45（１９７０）年度特別表彰（野球殿堂入り）を果たしている。」と書かれている。また、野球殿堂博物館編『野球殿堂２０１２』には「１８９６年5月23日、一高チームが初めて横浜外人クラブを破ったときの引率者で、（略）帝国大学卒業後、新潟県、秋田県、徳島県などの中学校校長を歴任、各地で名物校長として数多くの逸話を残した。鹿児島県出身。」（33頁）と書かれている。

さらに、一高野球部の後輩になる君島一郎『前掲書』は、興味深い中馬庚のエピソードを幾つか書いている。その中から代表的な一つを、次の通り紹介しておく。

明治二十九年五月からの一連の国際試合に中馬は一高野球部の顧問または監督という立場で斡旋尽力しているが、第三試合にアンパイヤーもやっている。この試合の第一戦、五月二十三日は天気定まらず、選手達は出発前どうなるかとヤキモキしているところへ横浜から電報がきた。『ナンジニクルカ』これを『汝逃ぐるか』と読んで、大いにおこったという挿話がある。（略）一生傍にあり解して曰く、これ逃ぐるかにあらずして、何時に来るかなりと、中馬言下に悟り、急に大笑いす・・・」（73頁）

右引用文のほかにも、軍服に日本刀をぶらさげて（中学校に）登校し、掃除のときにはその刀で指揮をとったとか。授業中教科書を読んでいるとき、急にハッ！という気合のもと、教室を飛び回っているハエを手で捕まえたとか。また西洋史の授業では「ナポレオンはワーテルローの戦いの時、何時間昼寝をしたか、君たちは知っているか？」といったユニークなものであったそうである。

君島『前掲書』は「中馬は校長として生徒に敬慕されたようで、私は他にも新潟中学時代の数多い逸話をきいている。彼にはそういう性格があったのであろう。」（74頁）と述べている。

中馬は明治30（1897）年、『野球』を出版する。この著書はかなり強い影響力をもっていたようであり、当時の「ポジション」（図4）や「ショート・ゴロ時のカバー守備」（図5）、また「魔球（多種のカーブ）の投げ方」（図6）、さらには当時の「野球製品価格一覧」（図7）が掲載されている。ちなみに当時の野球製品の価格であるが、君島『前掲書』によると「明治三十一年東京では蕎麦のもりかけは一銭五厘であった」（70頁）そうなので、それと比べると、野球用品はかなり高額であった。

明治30年代になると、野球の用器具も揃い（写真13）競技面、技術面において一段とレベルの高い野球が展開されていくことになるが、中馬庚著『野球』は大変よく売れたそうで、当時の野球指導法の手本とされた。なお、現在も野球用語として使われている「投手、捕手、一塁、二塁、三塁、左翼、右翼、中翼、三振、死球」は、中馬によるものである。

ところで、中馬庚著『野球』が出版された前年、高橋慶太郎編『ベースボール術』が出版されており、図8の通り当時のプレー（技術）フォームが示されている。ここで気になるのは、ピッチャーの投球フォームである。明治23（1890）年ころからは、すでに上手投げ（オーバーハンド・スロー）が行われるようになっていたはずなのに、どうして下手投げ（アンダー）フォームが描かれているのかが不可解である。やはり明治20年代までは、まだ下手投げが一般的であったということなのであろうか。

また、このころまでは四角い枠の「投手用ボックス」が使用されている。この点、アメ

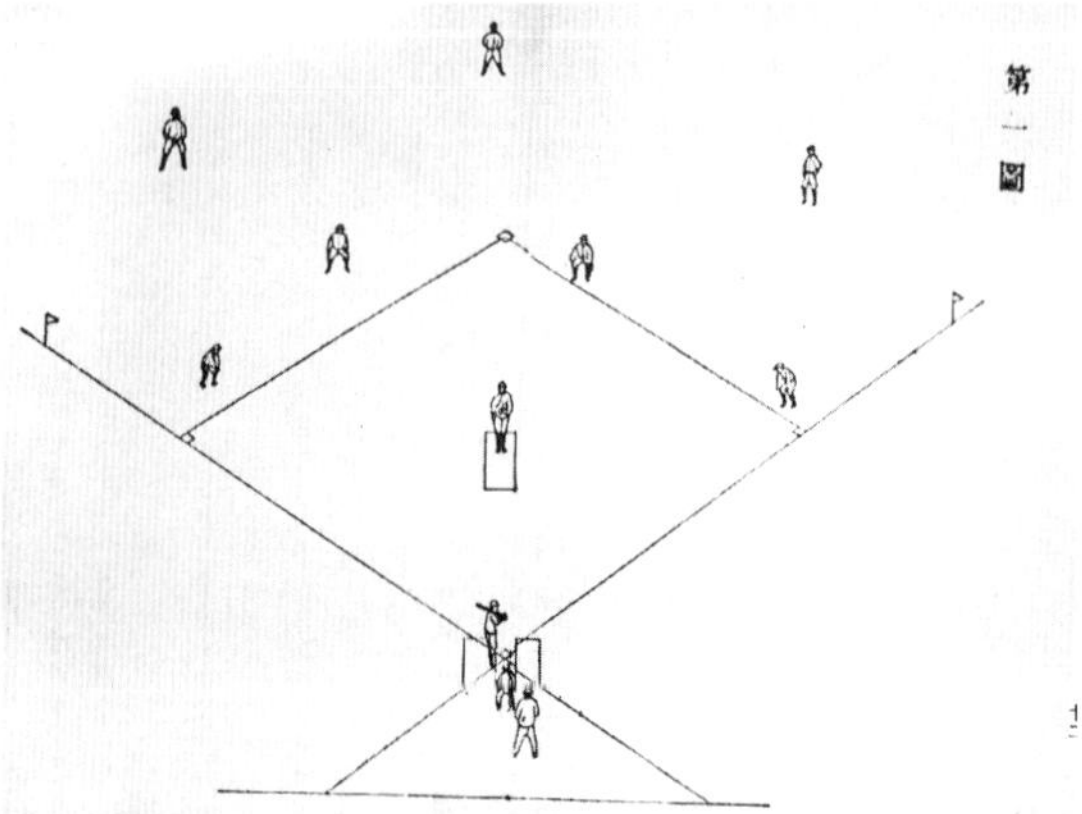

(図4）中馬庚『野球』(明治30年）に見られるポジション
－まだ投手板ではなく四角の囲いから投げていた。

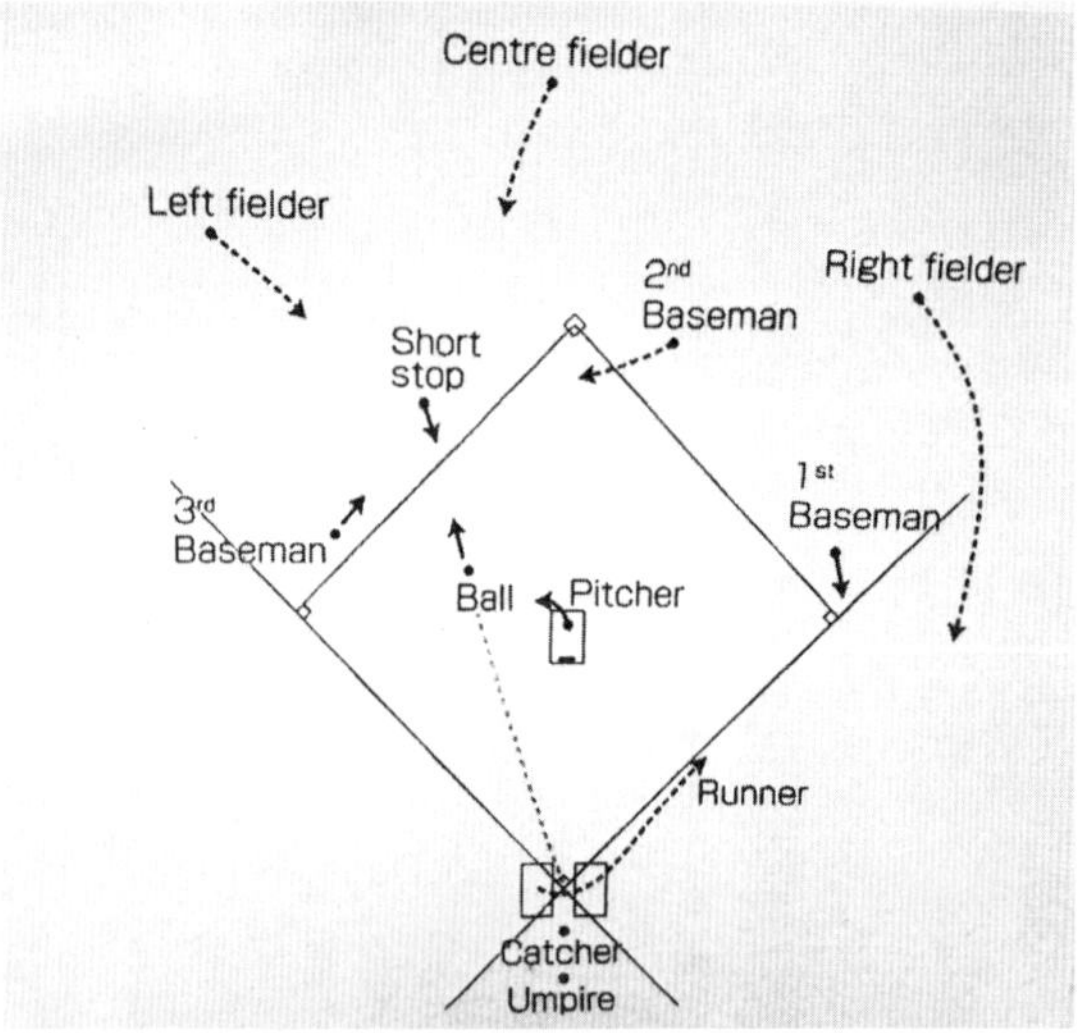

(図5）ショート・ゴロ時の守備カバー
－一段と進歩した守備態勢が取られるようになった。

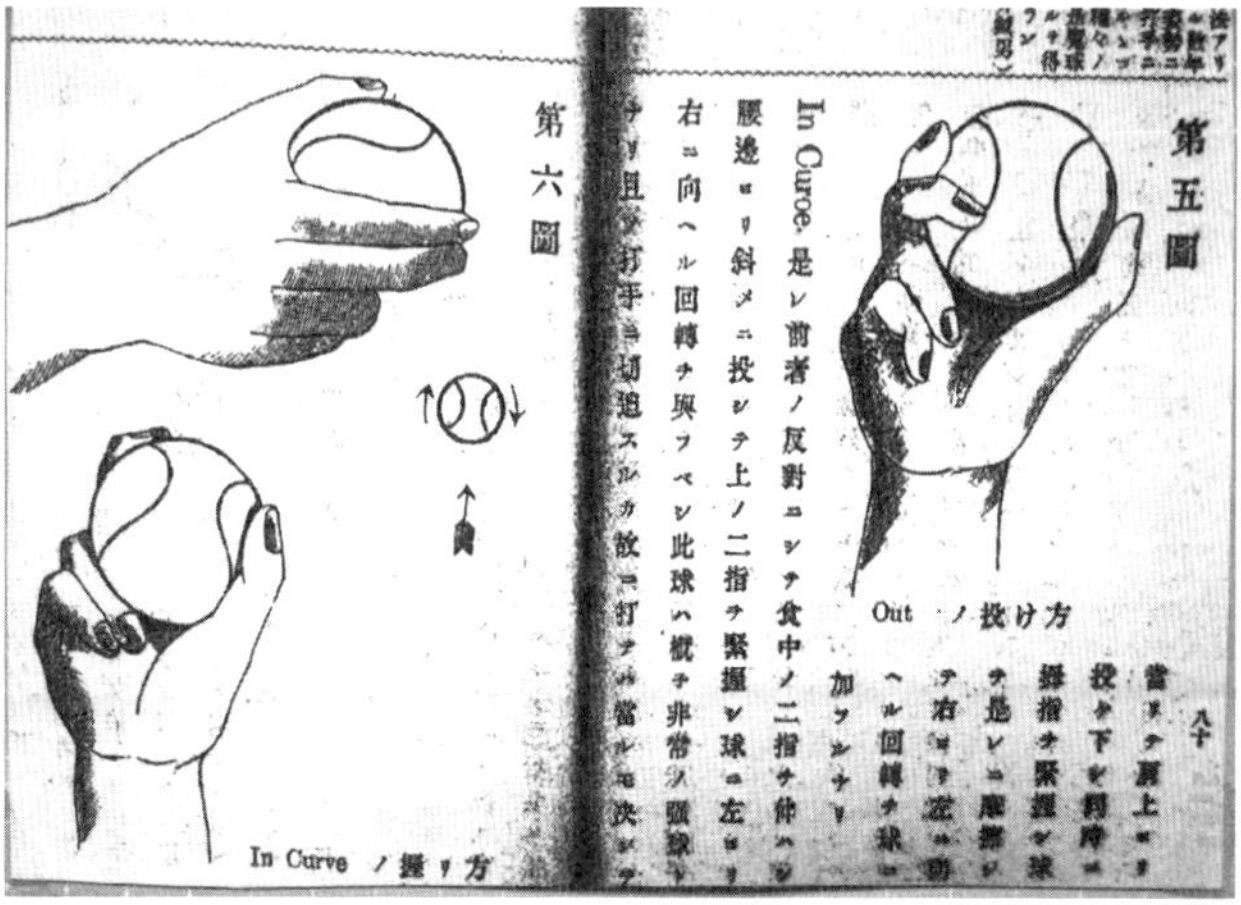

（図６）中馬庚『野球』（明治 30 年）に見られる「イン・カーブ」と「アウト・カーブ」の投げ方と解説文

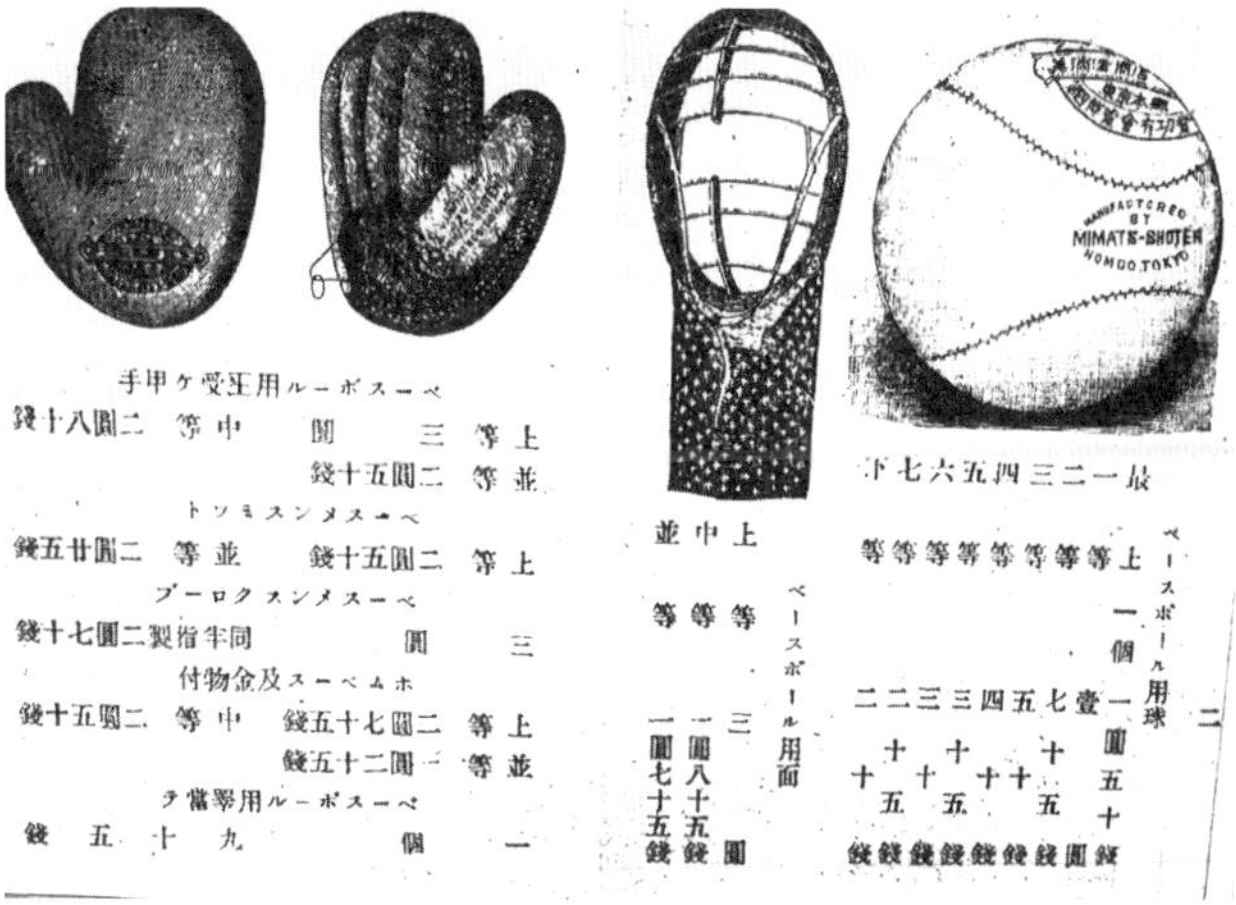

（図７）明治 30 年頃の「美満津商店」の野球製品価格一覧
－当時の野球用品は（そばのもりかけが１銭５厘であったことからすると）かなり高額であった。

リカでは、投手用ボックスは1863（文久3）年に採用されており、このボックス（枠）から二度出るとバッターには1塁が与えられていた。この投手用ボックスは1892（明治25）年に廃止され「ピッチャー・プレート」（投手板）が置かれた。その際、ピッチャー・プレートから本塁（ホーム）までの距離が、現行の「60フィート6インチ（18.47m）」となった。

8）名投手・守山恒太郎

一高の代表的選手（名投手）であった守山恒太郎について述べておきたい。

明治34（1901）年6月3日、一高対横浜アマチュア（外国人）倶楽部（日米戦）の7回戦が横浜公園で行われた。「一高の投手は左腕快速球守山恒《もりやまつね》太郎《たろう》。独乙《ドイツ》協会《きょうかい》から一高三部へ入学した投手で、（略）その速球の切れ味は巨漢グレークに遜色ない優秀投手であった。しかし、八回を終ってなお六対三と三点差があった。のこるは九回だけ。（略）二死満塁のチャンスを迎えた。場内は騒然、外人の口に指をおしこんで吹きならすピイピイの音と、一高応援団の怒号が交錯して殺気が場内に満ちた。このとき、一千学友に声援におくられて左ボックスに立ったのは、投手で四番打者守山であった。」（大和『野球五十年』67頁）守山は、グレークの投げた速球をレフト・オーバーに打ち返し、二者を返して6対5とした。しかし、最終バッターとなった5番久保田は、デッドボールを受けたが、審判ブトナムが「打者久保田が故意に投球を避けなかったからアウトであり、二死だったから

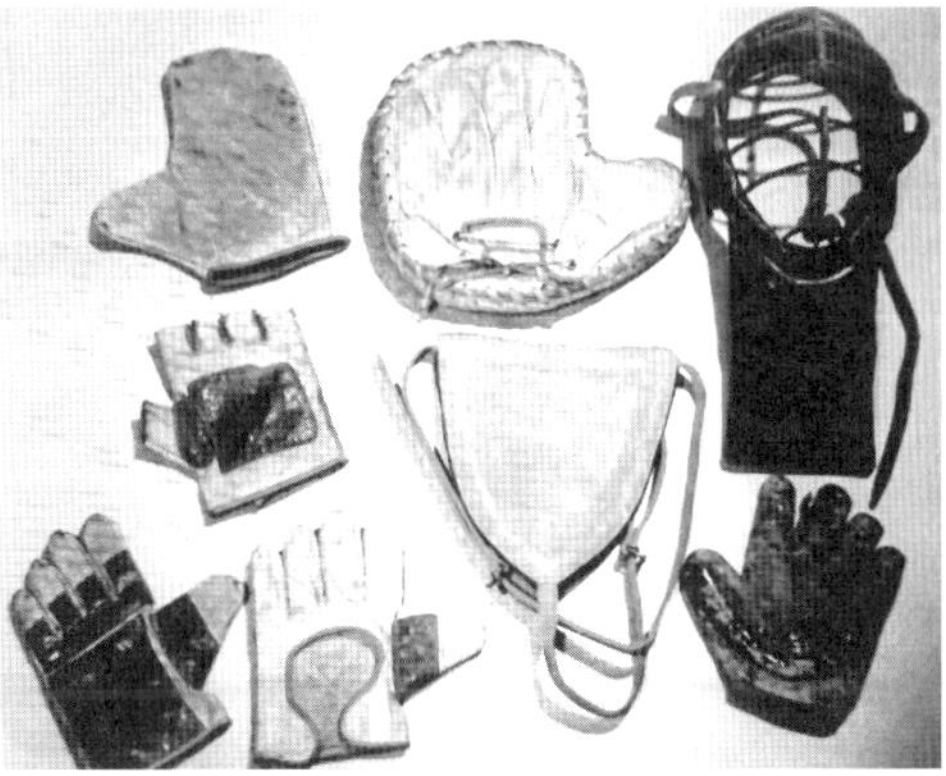

（写真13）明治30年代の野球用具
—ミット、グローブ、マスク（面）は
このようなものであった。

（図8）明治29（1896）年の高橋編『ベースボール術』に見られる
技術（フォーム）
—著者がポジションごとに改変した。

試合は終了した、と告げた。六対五、一高やぶる。」（69頁）となった。（著者傍線）
　ちなみに守山選手は、右傍線部の通り（当時は珍しいと思われる）「左投げ・左打ち」であった。

守山恒太郎

　敗戦の翌日から、一高伝統の猛練習は最高潮に達した。「『審判の誤った判定に素直に従ったが、誤審のない試合で、正々堂々と勝とうではないか。』これが野球部の合言葉となった。悲運に泣いた守山の練習ぶりはひときわ猛烈さを加えた。正規の練習が済んだ後も、ひとり野球部倉庫の奥の壁に向って投げた。捕手豊原の勉強を妨げることを避けたのである。投げて投げまくった。守山は快速球ではあったが、コントロールに難があった。それを克服するため、夜は、月の光が明るかったら、それを頼りに倉庫の壁に向って黙々と投げた。ついに、守山の念力は煉瓦の壁を一尺四方にわたり貫いてしまった。」（大和『日本野球史　明治篇』60頁）
　いよいよ明治35年5月10日午後2時40分、横浜公園において、一高対横浜居留地外国人（日米戦）の8回戦のときが来た。「プレーボール」の長与（審判）の宣告と同時に、左腕から繰り出される「大投手守山の快速球はうなりを生じて投げこまれ、余りのスピードに一高応援団六百、唖然たり、外人観衆また声なし。」（『前掲書』62頁）けっきょく、守山の球威は最後まで衰えることなく、無類のコントロールに裏付けされたピッチングは冴えわたり、「五尺六寸（約170㎝）、十五貫（約56㎏）、すらりとした好男子守山は」（63頁）最終回、1死走者3塁とされたが、3番、5番バッターを三振に打ち取って4対0、ついに、国際試合初めての〝スコンク（零敗）ゲーム〟を達成したのであった。

庄野編著『前掲書』は（一高）守山投手について、次の通り書いている。

彼の球は剛球、ブーンと唸りを立てて飛び來たり。突如、それが急に大きく落下するかと想ふと、次の一球は心持ち浮き氣味ともなる。その變幻自在《へんげんじざい》の怪投には、時の強豪横濱外人團も敵すべくなく、ただ Great Pitcher Moriyama! の嘆聲を發せしのみ。有名なる三十五年五月の豪横濱外人團のスコンクゲームの時など、彼の物凄き好投は正に入神の技ならんと稱せられた。（40頁）

また、庄野編著『前掲書』は「こうした守山という投手は、偶然の間に生まれたものではなく、『一高的練習』という「獰猛惨澹《どうもうさんたん》たる絶倫の練習が生んだ天才児であった！」（40頁）と書くとともに、さらに次の通り書いている。

彼は雨に濡れ嵐に梳《さく》られつつも奮闘一日も撓《たゆ》むことなく、遂に同校の校友會雑誌をして『上野の杜に鴉《からす》の鳴かぬ日はあれど、守山の姿を運動場に見ざる日無し』と叫ばしめた。彼の相手無き時は、獨り煉瓦塀に投球して、幾萬幾千回、遂に年月を經るに從つて煉瓦壁に五寸大の穴を開くるに至たらしめた。また夜は寄宿寮の廊下は蝋燭を點じ、その球のスピード（風）にてこの灯を消したといふ。また時に、その練習猛烈に過ぎ、彼の左腕は彎曲して容易に延びなかつたこと月餘であつた。すると彼は運動場の一隅にある老櫻の枝に左腕を以てその身を吊るし、體重によつてその彎曲を延さんと、連日、この枝にぶら下がつたと傳へられる。噫《ああ》この努力！この精進！彼の鐵腕神を呼ぶもまた宜《むべ》なるかな！（40頁）

「明治三十八年一高入学の名一塁手嶺田丘造氏による大投手守山の思い出話」を、大和『日本野球史　明治篇』は次の通り紹介している。

守山さんは大学へ進まれてからも、しばしば一高を訪ね、コーチをやられるかたわらピッチングをやられました。私が捕手役を承り、守山さんのボールを受けた感触からしますと、球質は重い方で、しかも球が速く、シュートの切れも素晴らしかった。球を左右高低に自在に散らすピッチングで、コントロールは美事の一言に尽きました。外人が守山先輩の投球を打てなかったのは当然でしたでしょう。〝大投手の風格〟がありました。それ以上に、〝王者の風格〟がありました・・・（64頁）

こうして、一高を卒業した守山は大学医学部に進み、明治39（1906）年12月に卒業する。その後は軍医として宇都宮連隊に奉職、伝染病研究所に勤務している際、腸チフスに罹り、明治45（1912）年2月12日32歳の若さで、残念ながらその一生を閉じた。飛田忠順（穂洲）は「守山君は、實に一高を熱愛した人である彼は常に僕は一高のためなら如何に嘲笑され漫罵されても苦しくない、僕はどんな手段を講じても一高に勝たせねば止まぬのだと廣言して居た。」（庄野編著『前掲書』40頁）と述べている。

そこで、一高守山が審判を務めた試合では、こんなエピソードがある。明治36（1903）年2月24日に行われた慶応対一高戦では、4回までに7対2と慶応がリードしていたが、「後半に入ると、守山審判のストライク、ボールの判定が慶応側にはすこぶる厳格すぎるように思えるようになってきた。桜井の投げるコーナーボールはことごとくボール。一高投手黒田のコーナーボールはストライク。『変だなあ、（略）』桜井がマウンド上、疑念をもち始めたから投球はおかしくなった。」（大和『前掲書』83頁）8回表になると、「桜井はストライクをまるでとれなくなってしまった。桜井が（略）内角に投げてもボール、外角寄りに投げてもボール。守山審判はついに、ドまん中を通らなければストライクを宣しなくなってしまった。」（83頁）けっきょく13対10で、一高が慶応を破ることになったのである。

近く慶応や一高に挑戦したいと考えていた早稲田の押川は「守山さんの審判ぶりに驚いた。あれでは慶大が勝てる筈がない」（84頁）と思った。この後、明治37年6月1日、早稲田は一高と試合をやることになっていたが、押川忍はなんとか守山審判以外の者に公平な審判をやってほしいと考え、東大を卒業して判事になった熱血漢だが公平無私として知られていた人物「小林」に申し入れ、久保田敬一（東大工学部学生）審判を登場させることになった。

以上、一高の名投手・守山恒太郎について述べたが、最後に、ドロップで活躍したサウスポー守山恒太郎は、1966（昭和41）年に野球殿堂（特別表彰）入りしていることを付け加えておきたい。

9）一高全盛期の成績

『立教大学野球部史』は次の通り、非常に興味深いデータを紹介している。

それは「明治36（1903）年の黒田投手になって以降、一高のチーム力は衰退していき、それに代わって、早稲田と慶應（早慶）が球界の盟主へと名乗りを上げることになるのであるが、一高の明治23（1890）年から明治37（1904）年までの戦績は「六四勝一一敗、特に明治三三（一九〇〇）年以降は三二勝一敗という圧倒的な強さを誇った。」（38頁）というものである。（著者傍線）

しかし、右傍線部のデータの戦績は正しくない。後の第5章1―3）・2―2）で述べることになるが、一高は明治37年6月1日は早稲田に、また6月2日は慶応に負けて2連敗しているからである。

果たして、この一高の対早慶2連敗を『前掲立大部史』はどう扱ったのかが、不明である。もちろん精査が必要であるが、仮に明治33年から明治37年の一高の戦績を「32勝3敗」としても、その勝率は9割1分となる。言うまでもなくこの値は、野球として信じられないほど高いものであり、まさに一高の「黄金期」を証明するものである。

2　一高・三高対校戦

1）対校戦の開始と意義

服部喜久雄編『一高対三高野球戦史』は、この対校戦が始まった明治39（1906）年から昭和23（1948）年の38回戦まで、各試合の詳細などを700頁以上にわたって書いた大著である。またこの『野球戦史』は、一高・三高の対校戦のみならず、各年のほかの対校戦の状況について取り上げるとともに、それぞれの試合のエピソードや話題にも触れており、明治から大正・昭和初期における野球（界）の状況を知る上からも、まさに貴重な文献（資料）である。

では、この一高・三高対校戦とは、どのようなものであったのだろうか。まずはこの対校戦の経緯と戦績について、一高野球部出身の内村祐之は「戦後の学制改革にともない、永い伝統をもつ一高三高戦も自然廃止の運命をたどり、昭和二十三年八月の第三十八回戦をもつて、十八勝十八敗（1引分け）のタイ記録ののちに最後の総決算がなされた。」（27頁）と述べている。けっきょく最終38回戦は、昭和23（1948）年8月8日に東大で行われ3対2で三高が勝利し、最終的には一高18勝19敗（1引分け）、三高19勝18敗（一引分）とほぼ互角の成績となった。

次に、先の内村祐之は（明治末期から大正期における）この対校戦の注目度やその意義について、次の通り述べている。

確執ながく解けず、早慶の二強剛が戦いを交えなかつた明治末期から大正年間を通じ、一高野球部は学生野球界の清涼剤的存在であり、今日の早慶戦にも比すべき一高・三高戦は、学生界最大の年中行事であった。

陽春のころ、らんまんの桜花を背景にして、向陵に、はたまた京洛の都大路に、タイコをとどろかせ、朴歯の下駄を踏みならして、破帽の高校生が、白旗と赤旗を打ちふりながら、乱舞した光景は、一部からとかく批評をうけつつも、清純な学生精神の白眉として、わが国のある時代を象徴する姿であつたのである。

選手はまた選手で、酷暑と厳寒を冒しての猛練習を、ただこの一戦に賭けるといつたわけで、遠く時を経た今から往時をふりかえれば、その邪気にこつけいさえ感じる。(『前掲書』27—28頁)

さらに服部編『前掲書』は、一高・三高戦が果たした役割について、次の通り書いている。

一高三高戦は、技術的なレベルから云えば、後には早慶戦に遠く及ばぬものではあつたろうが、そう云う意味から、学生野球の精華として高く評価されていた。(略)一高三高野球部からは、野球人としての有名人は殆んど見当らない。むろん職業選手になつた者などは一人も居ない。しかし両校選手や野球関係者、応援団のリーダー達が、学窓を出て、この情熱をもつて、成しとげた社会への貢献は、真に偉大なものがあつたろう。或る意味から云えば、その時代時代の日本各界指導者が、この中から多数輩出したことを思えば、まことにこの野球戦は、偉大な意義を持つていたものであることが察せられるのである。(2頁)

そして、両高の勉学と野球の両立や入学試験については「野球といえども、授業を休んで試合に行つたり、練習をしたりすることは出來ないし、雲の如く集る志願者の、狭い門としての嚴重な入学試験があつて、野球選手に特別の待遇をもつて入学させると云うことなどは、絶対にない。背負いきれぬ学修への重荷を負つて、尚かつ、野球に精進すると云うこと、そのことが、既に尋常でない頭脳と体力の、選手であると云つても過言ではない。」（3頁）と書かれている。

ところで、この一高・三高戦の試合見物には「洋服又は袴着用のこと」という鉄則が掲げられていた。これは「行きずりの魚やの御用聞きや八百屋のアンちゃんの道草を禁じて、われわれの武士道試合は、羽織袴の威儀を正して観戰しろと、市井のフアンを睥睨《いげい》したのも明治、大正に亘る学生気質とそのプライドを物語る痛快な一事であつた。」（4頁）ということである。

しかしこれについては、次のような裏話があった。それは「向陵（一高）神陵（三高）のグラウンドの入口にはその袴の礼装検分役の高校生が嚴然と屯《たむ》ろしていて、一人一人袴着用を検分するので、ウツカリ袴を着けていない者は入場が出來ない。そこで佩《は》いている一人が先ず場内にはいり、それからこれを抜ぎすてて、校堤の垣根から外の連れに袴をおとし、一着の袴を数人の入場に役立たせたと云つたコボレ話も沢山あつた。」（4頁）そうである。


では以降、一高・三高戦が始まったころの試合状況について、述べておくことにしたい。

まず1回戦は明治39（1906）年4月6日、一高校庭で行われ5対4で一高が勝利した。

この試合のスコアシートを見ると、審判は一高先輩の豊原雄太郎が務め、一高投手は小西善次郎（宇都宮中学出）で、三高に対して5安打、6奪三振、12フォアボールで4点を与えている。一方の三高投手は菊池秀次郎で、一高に対し9安打、10奪三振、1フォアボールで5点を与えている。一高小西投手の12フォアボールは、いかにもコントロールが悪過ぎた。逆に、三高菊池投手は1フォアボールとコントロールが良く、10奪三振と好投したものの9安打と打ち込まれたのが敗因となった。

この試合経過は、8回まで4対4の同点。9回表に一高が1点を加えてそのまま逃げ切ったというまさに伯仲した戦いであった。

この1回戦時の両校の応援隊について、服部編『前掲書』は次の通り書いている。


春爛漫の花の色と歌われる一高校庭は桜の名所である。清々しく美しい。グラウンドは本壘一壘間前列は先輩席で、その後方ネツト裏には石油カンに小石を入れてゆすぶる雑音発声器と天下を二分する源平合戦を形どつた一高軍の源氏の白旗がずつと三壘側に林立している。これが試合が始まると大波の様に乱舞し、石油カンが一齊射撃のように大雑音を発して敵を悩ます仕組みなのである。更に三壘近くには、銃劍道部の猛者が、六尺棒のような青竹を担いで待機している。これはゴロが来ると、青竹で地面を叩いて砂煙りをあげ、三壘手にエラーさせようと云う魂胆であつたと云う。

一方遠来の三高方応援隊と云えば、一壘側に春の休暇で東京に帰省している十数人の学生と、その後方に早稲田の学生が、例の有名な吉岡彌次将軍に引率されて、これが将軍の音頭でもつぱら三高軍に応援した。（6頁）

そこで、なぜ早稲田の応援隊が、三高を応援したのであろうか。実は、三高は前日の4月5日に早稲田と戦い（明治28年の）アメリカ遠征で習得したバント戦法にひっかかり、0対8で敗れていた。「昨日の敵は今日の友」というわけで、遠来の三高に早稲田が応援団を送ったのである。

三高は今回の上京において、早稲田に0対8、一高に4対5、慶応に0対4で破れたことから、京都に帰るや否や、さっそく来春の復讐を期して猛練習に取りかかった。練習時間は午後3時から5時まで、例え病気しても歩けるなら必ず球場へ出て来ること、雪が積もれば内野だけを雪かきして練習を休まなかった。バントの新戦術にも取り組んだ。内野手のミットはグローブにし、足袋、脚半《きゃはん》は靴と靴下にかえた。もちろん、この三高のバント戦法やグローブの採用などは､先の早稲田との敗戦（0対8）から学び得たものであった。

翌明治40（1907）年4月8日、一高校庭で行われた一高対三高の2回戦では、三高が9対4で一高を破り報復するのであるが、これは1年間の猛練習とバント戦術の採用が功を奏したからであった。また「三高は東征に先立つ四月二日、金沢四高（現金沢大学）軍を校庭に迎え、14―0の大差をつけて、之を打ち破つた。この試合は庭球、野球、柔、剣道、の四部が大挙応援百余名と共に来西したもので、野球は全く三高の独走試合に終つて、四高野球部に顔色なからしめるとともに、三高軍には、大きな自信をつけ加えたのであつた。」（48頁）三高野球部がこの自信を得たことも、一高を破る大きな要因となった。

ところで、一高三高の対校戦は「源平合戦」と称された。これは、一高の応援団旗が白色（源氏）であったのに対して、三高の応援団旗が赤色（平氏）であったことから称されるようになった。三高の応援団旗が赤色になったのは、3回戦（明治41年4月9日、三高校庭）のことであった。三高の赤旗が初めて登場したことについて、服部編『前掲書』は次の通り書いている。

その応援団は金だらい、石油罐、大太鼓を持ち出し、校内のポンプまで引き出して来たと云う事が語られている。ポンプで水を吹き出して、敵の攻撃を水泡に帰さしめようと云うシヤレではなかつたようで、敵の応援隊に、水をかけて追い散らすと云う魂胆であつたようだ。特に応援の効果一〇〇パーセントだつたのは、折から琵琶湖畔に合宿練習中の漕艇部員が、全員大挙して、ボートまで担ぎ込んで、応援に馳せつけたことで、そのボート逆さまに担ぎ上げ、底部にリーダーを乗せてかつぎ廻り、ボートの船着き場やコースの目標に樹てる赤い小旗を、めいめい持つてこれを振り立てたが、これが例となつて、赤旗が、三高応援団の旗色となつたと云うことである。一高の白旗に対する三高の赤旗は、こうして天下を二分する、源平合戦に形どつて、全国津々浦々に、その人気をかり立てて行つたと云うわけである。（75頁）（写真14—1・2）

こうして3回戦は、明治41年4月9日に三高校庭で行われ、（京都初遠征の）一高が2対1で接戦を制した。そして4回戦は、翌年4月8日に一高校庭で行われたが、前後38回を数えるこの対校戦において、唯一引き分けとなる（因縁の）試合となった。

この試合、三高は4回裏に1点を入れ先制する。一高は不二門龍観投手のスロー・カーブに三振続出であったが、7回表に二つのバントと6番白石の適時打で1点を入れて追いつき、そのまま9回まで終了した。本来ならば延長戦に入るところであったが、三高側は

（写真 14 － 1）ドラム缶をたたき、赤旗を打ち振る三高応援団
－明治末期、一高（向ケ丘）。

（写真 14 － 2）一高応援団の様子　－戸塚球場。

試合の中止を申し入れ、一高側の延長戦の主張を蹴り退場してしまう。審判の小西善次郎は、やむなくドロン・ゲームを宣したのであった。

三高側が試合の中止を主張したのは、投手が疲労して試合に耐えられないというのが（表向きの）理由であった。しかし事実は、小西審判のストライクの判定に対する不満の爆発に起因したものであった。そこで、同日夕方、三高と一高の代表者（主将と先輩各1名の4名）によって、試合の結末をどうするかが話し合われたが、小西審判の判定を巡って意見の応酬が繰り返されるだけであった。

三高側は「明日若し再試合を続行するなら、審判を交代してもらいたい。中野氏ならば、十分信頼し得られるから、（略）中野氏が審判に当つてくれるならば、明日、再試合をしたい。」と（木下は）力説した。しかし、三高側の言い分を入れると、結果において小西審判の不公平な誤審を認めることになるし、中野先輩としても苦しい立場であった。双方譲らず主張し合ったが、「これでは決着の結論は出で來ないまま、三高は京都に引上げ、ついに第四回戦は同点引分と云うことで留保された。」（89―90頁）のであった。

こうしたことから（審判に関する悶着だけに）両校の間に深い溝が生じてしまい、永久に物別れするのではなかろうかとの懸念も考えられた。

次の5回戦は、明治43（1910）年4月に行われるべきであったが、前回、審判問題の紛糾から物別れとなったため、けっきょくは一年見送りとなってしまった。

しかし「この試合を永久に中止してしまうことは、両校のため、後輩のため、又広く学生野球発展のため、重大な損失となることを痛感した三高側先輩は、野球部を説いて、明治四十三年冬、明春四月を期し対一高五回戰を決行したい旨の、挑戰状を発したのである。」（113頁）

これに対して「一高側も、思いは同じ武士道野球である。『戰いは飽くまで死闘でありたい。然し友誼は、これも絶対である。これがため、禍根を残して、物別れとなるようなことは避けねばならない。われ等は巍然《ぎぜん》として、世の潮流の上を行こう。一高には日本野球の神髄が燃えているのだ』・・・と、この空気は、全校を支配した。」（113頁）

こうして三高野球部は（前回主張した）中野武二を審判に指定し、一高側もこれを了承したことから、明治44（1911）年4月7日、一高校庭において5回戦が行われることになった。

この5回戦もシーソーゲームとなった。9回までは3対3の同点で延長戦となった。10回表に一高が、三高の高野投手の三塁けん制悪送球によって1点を入れ、4対3で逃げ切った。その翌年の6回戦は4月7日に一高校庭で行われ、三高の小島栄投手が一高打線を2安打に抑えるとともに、堅い守りで3対0の完封勝利を収めた。

そして、次の7回戦は（前回勝利した）三高校庭で行われる予定であった。この年は

「諒闇《りょうあん》」（明治天皇崩御）であったが、一高は前回負けていることもあり三高に挑戦状を送った。三高もこれに応じるべく、酒井校長に試合の決行を迫ったが、学校当局は断じて許さなかった。そこで、三高野球部は一高側に諒闇を理由に逃げたと言われ、卑怯者のそしりを受けては三高の名折れになると、綿々その苦情を吐露した一文を発表した。その一文は「来春は必ず一高を本校校庭に迎え、痛快に粉砕して諸兄と共に、凱歌の鬨《かちどき》を挙げんことを声明するものなり。」（141頁）と結ばれていた。

諒闇明けの大正3（1913）年4月6日、（1年空けての）7回戦が三高校庭で行われた。1年空いた間に両軍メンバーは大半が交替していた。特に一高はほとんどが卒業したり、病気や家事の都合で退部者が出たりで、オール新人で臨むことになった。また、三高も6名が新人であった。

ということから、メンバー的には三高有利と思われたが、一高新人の芦田公平・平山謙三郎の新バッテリーは、一高の黄金時代をほうふつさせるほどの名投手、名捕手ぶりを見せるとともに、守備陣も鉄壁な守りを見せた。この結果、三高をわずか1安打1点に抑えた。一方、三高の小島栄投手も好投したことから、白熱した大試合となった。けっきょく延長13回表に、一高が1番古田島（主将）の安打と4番平山の2塁打などで3点を上げて4対1で勝ったのである。

ところで、この対校戦の応援（源平合戦）については先に述べたが、この試合も「対校試合においては､選手の意気は応援団の熱と張り切り方に比例すると云うわけ」（154頁）で、応援戦も白熱した。

一高は400名に及ぶ応援団を京都まで繰り出して、小島野次隊長が全員を率い、数十本の白旗と大太鼓、数十の幟《のぼり》が京の街（三高）へなだれ込んで行った。これに対する（赤旗の）三高は「この年、大枚三百円を投じて、大小各種の旗旆《はたはい》を新調して、グラウンドの周囲に立てめぐらし、応援に努めた」（154頁）のであった。

この試合の人気は大変なものだったようで、三高の神陵グラウンドは立錐の余地なく、大勢の観客が詰めかけた。また、三高の各教授や折田前校長も熱心に観戦した。

2）三高が「第三者審判制」採用の提案

明治期の野球の審判（アンパイア）は、長い間「一人制」であった。大和『日本野球戦史　明治篇』によると、審判の「二人制（球審・塁審一人）」が初めて採用されたのは、明治38（1905）年10月28日に戸塚球場で行われた早慶1回戦であり、宮口竹雄（一高先輩）とメリーフィルド（元シカゴ大学投手）が審判を務めた。」（143頁）そうで、この試合は慶応が5対0で勝っており、（皮肉にも）アメリカで学んだワインド・アップ投法の早大河野が、慶応桜井投手に敗れたというものであった。

また明治43年の早稲田対一高の審判は、やはり共に慶応先輩の神吉英三（球審）と佐々木勝麿（塁審）が務めており、さらに同年の慶応対一高の二人の審判は、共に早稲田先輩の飛田忠順（塁審）と伊勢田剛（球審）が務めている。このように、当時の試合（対校戦）では、すっかり「二人審判制」で行われるようになっており、しかも試合に関係のない学校の先輩が審判を務める「第三者審判制」になっていた。

一高・三高戦は明治39（１９０７）年に始まったが、先述した通り、ほかの対校戦では「二人・第三者審判制」がすっかり定着していたにもかかわらず、明治45（１９１１）年の6回戦になっても、依然として「一人・自校先輩制」で行われていた。その後、大正3（１９１５）年、三高校庭で行われた7回戦において、やっと「二人・第三者審判制」が採用されたのである。

このように、一高・三高戦の二人・第三者審判制の採用が、ほかの対校戦よりもかなり遅れたのはどうしてなのか、またどのようにして二人・第三者審判制が採用されるに至ったのか、この辺の事情と経過について『一高対三高野球戦史』は、次の通り書いている。

爾来、ともかく一高の主張通り、勝利校が、自校グラウンドで、自校先輩の審判によつて、相手方の遠征を迎え討つと云う有利な条件を獲得して、試合を続けて来たのであつた。そして負け越しの三高は、この極めて不利な条件を押しつけられ乍も、競技を愛し、友校との親睦を最高の目標として、この犠牲を忍んで来たのであつたが、第四回（明治42年4月8日、1対1で引き分け）、はしなくも、小西善次郎審判のストライク判定を不満とした三高不二門投手の爆発が因となつて、試合は一年休止されたのであつた。しかしこのまま試合が中絶するようなことになつては、対校競技全般の将来に影響するところとなるので、三高の野球部理事者は、大乗的な立場をとつて、再び一高に挑戦し、東征を続けて、この回（第5回、明治45年4月7日）勝利（3対1）のあとの、自校グラウンドで、自校先輩の審判によつて、一高を迎える有利な立場に起《た》つたのである。三高はこの日を待ち設けていた。今こそ、この機に、先輩審判という不合理な一高式独善を廃して、嚴正公平審判の下に、試合の明朗化を実現して置かなければ、何日の日か、又、審判問題の紛糾なしと保証し得られるであろう。（155—156頁）

こうして、一高が自校先輩制に固執してきたことに対し、三高側は「一高野球部と云うものが、嘗て永い間球界の王座君臨していた昔日の夢に囚われていて、フエアーなるべきスポーツを、勝たんがために瀆するものであつて、これは一高のためにも惜しむべきことである。特に名誉ある対校競技の円満な発展のためには、今日こそ、この過誤を一擲すべき時である—これが三高先輩とその野球部が抱いている理念であつた。」（157頁）

いよいよ4月6日（大正3年）三高側は一高チームの西下を待って、自校先輩制の審判廃止を一高側に提案することになるのであるが、そのための協議会が両校の先輩や主将によって何回も開かれた。その結果、一高側も三高の熱心な主張に兜《かぶと》を脱ぎ、三高側の主張を受け入れることに至ったのである。

「第三者審判の常道は、こうして三高側の努力によつて成立し、この回から両者の出身者でない、東京か京都の大学に在学中の適任者と云う條件によつて、この試合は八高（現名古屋大学）投手で京大在学中の菱田鑒三と、早大の西尾守一両氏が委嘱されたのである。」（167頁）

ところで、この問題に最も熱心に取り組んでいたのが、三高出身の福島正雄（経団連事務局長）であった。彼は当時、東大在学中で、一高の練習を偵察しては母校に連絡し、三高野球部のために労を惜しまなかった。彼は常々「一高側のグラウンドで行われる時に、（第三者審判制を）主張しても、容れられるものではない。三高側が、自から先ず、この利益を放棄して、この制度を設定するより外に道はない。」（156―157頁）と主張していた。三高で行われた第7回対校戦の折に、ものの見事（一高の）自校先輩制を廃して、新たに第三者審判制を採用することができたのは、福島正雄のこうした働きがあったことを忘れてはならない。

3　一高野球部の存在価値

本4章ではこれまで、一高ベースボール・野球部の創設からその後の発展と活躍の状況について、時代を追って述べてきた。

この一高野球部の存在価値について、京都大学名誉教授（経済学）橘木俊詔《たちばなきとしあき》『プロ野球の経済学』が「一高野球部が強かったことよりも、一高野球部の存在そのものが野球の発展に寄与したのではないか、ということを強調したい。それは一高卒業生はその後帝国大学に進学して、官庁、企業、学校、マスコミ等の指導者になる人が多かったので、それらの人が野球の意義やおもしろさを国民一般に流布することに役立ったと考えられる。各界のエリート層や指導者が野球には深い理解を示し、かつそれを普及することに熱心だったのである。」（17頁）（との考察）を労働経済学の視点から捉えて述べていることを、本章の末尾に付記しておくことにした。

第5章　慶応義塾・早稲田大学野球部の創設と躍進

本章では、慶応義塾と早稲田大学野球部の創設と活躍について述べていくことになるが、ここでいう「大学」とは今の大学（四年制）とは異なる。大正7（1925）年までは、大学は東京帝国大学だけで、慶応や早稲田は大学と称しても、実質的には一高（第一高等学校）や二高と同様、旧制高等学校と同じ水準の専門学校であった。大正9（1927）年にやっと東京帝大と同水準の大学に昇格したのであるということを、まずは確認しておきたい。

1　慶応義塾野球部

1）に入る前に、慶應（応）義塾の創設について述べておきたい。慶応は1858（安政5）年、福澤諭吉が34歳のときに「蘭学塾」を開設したことに始まる。その後「英学塾」に変更されるが、1868（慶応4）年4月25日に「慶應義塾」と改組された。1890（明治23）年に大学部（理財科、法律科、文学科）を設置し、従来の課程を普通部（現在の横浜日吉・慶應義塾普通部）とした。〈註9〉

1）三田ベースボール倶楽部

『慶應義塾野球部史 上巻』は、野球部の始まりについて次の通り紹介している。

野球部は明治十七年頃初めて米人ストーマー氏の教授を受け二十年頃に至りて塾生の之を試むるもの非常に増加し其技も進みて青山英和学校とマッチを行いたるを始めとし高等商業学校、明治学院等と数回其の競技をなし勝敗あり、同二十一年春、岩田新太郎氏米国より帰朝し、新に入会し、大に同技を奨励するに及び三田ベースボール倶楽部なるものを組織し、同二十三年の春頃には選手を置くに至れり、同廿五年五月、慶應義塾体育会の起るに及び其一部となり米国より新たに器具を買入れ大に練習し、春秋二期には大会を催し、其他年に数回マッチをなし、斯術の発達を計る、目下数十名の部員あり。（10頁）

福沢諭吉

右引用文は「慶応義塾学報第二号体育会沿革及現況」に書かれたものである。

一高が時代をつくるのは明治23年からであるが、明治21年から25年までの慶応は「慶應チームというよりは、クラブとして活動したのであるが、今日の慶應野球チームの基礎を作ったものであった。」（『前掲慶應部史』2頁）ということである。

2）野球部創設

明治25（1892）年5月に体育会が発足して、「野球、剣術、柔術、瑞艇、操練、徒歩の各倶楽部を集合統一して部とした。（略）野球部がスタートした時の選手は、村尾次郎ら十一名であった。」（大和『日本野球史 明治篇』98―99頁）そうであるが、体育会が発足したことによって、選手が費用を出さなくても学校の方で出してくれることになった。ここにようやくチームらしいものが組織され、三田を代表することとなった。そして、翌明治26年から正式に慶応義塾野球部として学校から公認された部となったのである。

ところで、明治30（1897）年までの全ての慶応の試合記録は明らかでないが、明治26年6月19日には一高に挑戦し、11対10で当時の覇者を破っている。この試合について、『前掲慶應部史』は「一高は当時雨期と試験のため練習をしておらず、にわかにチームを編成して迎えたためベストのものではなかった。しかし第二選手とはいえ連勝の夢を破られたので一高は直に試合を申込み、六月二十日（正しくは二十四日）明治学院校庭で村尾次郎審判のもとに迎えたが、十二対一で敗退した。」（3頁）と書いている。

明治27（1894）年5月6日、一高が都下連合（紅白）試合を初めて行ったとき、慶応は10名中４名の招待選手を出していることから、このころの学校チームとしての実力は、かなり高かったと思われる。しかし明治28（１８９５）年６月22日、明治学院と連合して一高に挑戦したが12対１でものの見事に敗れ、その実力は（当時の覇）一高に及ぶ程には至ってなかったようである。

明治30（１８９７）年ころの慶応野球部の状況について、庄野編著『六大学野球全集』は「卅年頃一高の黄金時代に大なる刺激を受け、密かに馬を肥し兵を養ひ、戰闘準備、おさおさ怠りなしと云ふ風に、極めて愼摯《しんし》の態度を以て練習し、目刺す大敵一高の首級をかき肌切らんとの勢いであつたが、しかし此の遠大なる希望を達するには、甚だ容易ならぬ業であつた」（21頁）と書いている。

そこで、慶応野球部は、順序として（着実に実力を付けるべく）互角であると思われる「武者《つはもの》獨協、明治學院、正則中學を易々《やすやす》と壓倒《あつとう》するまでに錬《きた》へ上げざるべからざるを以て、三十二、三年頃、盛に其等に向つて挑戰し」（21頁）ていった。この結果「明治学院にも勝ち、獨協をも従へることを得て、同部發展の機運を與へ、進んで横濱商業と神奈川の校庭に見え、勇氣愛すべきものがあつたが、結果に於いては大々的の敗北となつた。然し乍ら此の敗戰は以て開運の機となり、技術上の進歩となり、愈《いよいよ》三十三年となつて宇都宮中學出身の亀山氏の入塾、更なる力をなして、同年春横濱公園に於て横濱商業を物の見事に復《ふく》仇《きう》し、又學習院にも打勝つて、三田山上時ならぬ動揺を與へた。」（21頁）のであった。

表6は、明治33（1900）年から明治39（1906）年までの慶応野球部の戦績である。参考までに、慶応のこの間の戦績は28勝12敗で勝率7割であった。

明治34（1901）年、慶応野球部は「第一回修技旅行」を行う。村尾次郎監督のもと、東海道の遠征に出かけた。選手は亀山亮作投手ほか8名のレギュラーと2名の補欠選手の計11名であった。このころにはカシミヤ、素足、直足袋の時代からフランネル脚半、ユニフォームの胸には初めはMITAというマークを入れたが、青字のKEIOと改めた。ユニフォームに校名を入れたのは慶応が日本最初であった。

修技旅行一行は、明治34年4月13日東京発、浜松着。これは日本野球界において、一つの野球部が試合のために遠征した初めての出来事であった。「この遠征の費用は、各人が十五円宛出し、福沢捨次郎社頭から当時の実業界に於ける塾出身者井上角五郎を初め有力な方々に奉賀帳を廻して不足分を集めた。」（『前掲慶應部史』9頁）そうである。

さて、その遠征試合の結果は、4月14日から5月3日までの5試合であったが、表6にある通り、愛知一中に11対6で敗れて4勝1敗であった。そして遠征直後の5月26日に行われた独逸協会には6対7で敗れたが、この一戦は「當時の模範的試合と稱すべき程にて、

（表６）慶応義塾野球部の戦績（明治 32―39 年）

年月日	対戦相手校	場所	結果	備考欄
明治32年５月27日	立教中	塾内運動場	○ 13対5	
６月１日	明治学院	明治学院運動場	○ 17対14	
６月７日	明治学院	明治学院運動場	○ 12対6	
９月24日	横浜商	神奈川運動場	● 11対18	
11月４日	立教中（3年）	立教中運動場	○ 25対７	
明治33年６月16日	明治学院	明治学院運動場	○ 27対３	慶応は第二選手
６月21日	麻布第二	塾内運動場	○ 29対11	
10月27日	＊横浜外国人	横浜公園	● 3対９	初の外（米）国戦
11月３日	＊横浜外国人	横浜公園	● 2対31	
11月10日	独逸協会	青山エッキスC運動場	○ 18対11	
11月15日	学習院	学習院四谷運動場	○ 17対8	
明治34年４月14日	浜松中	浜松	○ 25対14	第1回修技旅行　①
平成31年４月18日	和歌山中	和歌山中	○ 11対5	同　②
４月21日	三高	三高校庭	○ 17対13	同　③
４月30日	愛知一中	名古屋	● 6対11	同　④
５月３日	静岡中	静岡	○ 14対１	同　⑤
５月26日	独逸協会中	青山練兵場（神宮）	● 7対8	
10月５日	横浜商	青山練兵場（神宮）	○ 11対6	
明治35年２月26日	正則中学	不明	○ 不明	塾内野球試合に徹す
明治36年２月24日	一高（現東大）	一高校庭（向ヶ丘）	● 10対13	
４月13日	三高(現京大)	三高校庭	○ 18対2	第2回修技旅行　①
４月14日	京都一中	京都	○ 8対6	同　②
４月17日	六高（現金沢大）	三高校庭	○ 18対0	同　③
４月18日	愛知一中	名古屋	○ 11対5	同　④
４月19日	大垣中	大垣	○ 14対0	同　⑤
４月30日	関西中	岡山	○ 49対3	同　⑥
11月21日	早稲田	三田綱町	○ 11対9	早慶戦（1回戦）①
明治37年６月２日	一高	一高校庭	○ 11対10	
６月４日	早稲田	三田綱町	● 7対13	早慶戦（2回戦）②
10月30日	早稲田	戸塚球場	● 7対13	早慶戦（3回戦）③
明治38年３月27日	早稲田	三田綱町	○ 1対0	壮行試合
６月３日	一高	三田綱町	○ 4対3	
10月28日	早稲田	戸塚球場	○ 5対0	早慶戦（1回戦）④
11月９日	早稲田	三田綱町	● 0対1	早慶戦（2回戦）⑤
11月11日	早稲田	戸塚球場	● 2対3	早慶戦（3回戦）⑥
明治39年４月12日	愛知一中	不明	○ 9対2	
４月30日	米艦オハイオ	横浜公園	● 4対9	
５月20日	一高	戸塚球場	○ 7対１	

＜明治39年早慶戦（1勝１敗）は表７（早大の戦績）を参照＞

＊横浜外国人＝横浜 YC&AC　　①～⑥は通算回数
＊＊戦績＝ 28 勝 12 敗（勝率７割、ただし明治 39 年の早慶戦１勝１敗を含める）
『慶応義塾野球部史』大和『日本野球史 明治編』『東京六大学野球全集』などにより著者作成

技術の綺麗なること、得點の立派なる事、殆んど未曾有として賞せられた。」(庄野編著『前掲書』23—24頁)そうである。

ところで、日本で初めてベースボール倶楽部を組織した平岡凞は、新橋倶楽部当時、アメリカの知人であるスポルディングから見本として送ってきた寄贈の野球器具を、明治34(1901)年5月に慶応野球部に寄付している。その目録は「一、見本箱(但し球十五個入)一個。一、アメリカオフィシアルリーグ球(但し箱入)六個。一、スポールデング写真一葉。一、野球規則書六冊。一、数取書一冊。一、バット七本。」(『前掲慶應部史』10—11頁)というものであった。

3)早慶の覇権確立

慶応野球部は明治35(1902)年2月22日、26日、慶応普通部4年有志と正則中学との2試合に大勝した。そして、3月15日には、塾内野球大会5試合(5回まで)の赤白戦を行い、また16日の3試合目は選手同士の赤白戦(9回)を行い、白軍が14対1で勝った。勝った白軍には江本写真店の写真券、神田洋服店のバンド(ベルト)が贈られた。

しかし、この学内の赤白戦を行ったほかは対外試合を一切行わず、打倒一高を目指して練習に打ち込んだ。このときの練習は、ちょうどアメリカから帰って来た名取教授から新しい技術を学ぶとともに、部長に就任した名取と監督村尾の指導（コーチ）で練習に励んだ。

そして、明治36年2月24日、「最後の目的たる一高と開戦の火蓋《ぶた》を切り、成算もとより歴々たるものにして、回を重ね、回を進むる毎に、慶應優勢を示し、月桂冠、彼の頭上に墜ちんとしたる刹那、一高彌次は早くも己の不利なるを見るや、彼の蠻的彌次《ばんてきやじ》を初め、或はバツトを振るもの、或は怒鳴ものあつて、遂には例の唱歌を初め、彌次りに彌次つた。茲《ここ》に亦も慶應は獨協の二の舞を喰つて折角の優勢を轉じて、不利に陥り、一高は彌次り勝ちに勝ち、かくして奇々怪々の試合とはなつた。實力の點より、慶應必勝すべきものたるは、十目の見る所、異口同音であつた。」（庄野編著『前掲書』24頁）ということであり、翌明治37年6月2日、ついに慶応は（覇者）一高を破ったのである。

一方このころ、急激に力を付けていた新進気鋭の早稲田が、慶応が一高を破った前日の6月1日、すでに9対6で一高を破っており、ここに「早慶時代」が幕を開けることになったのである。

このあたりから、一高の弱体化と早慶の強豪化が始まったとする橋木俊詔『前掲書』は、その理由を「一高側の要因としては、（略）勉学・学問を重視する学校だったし、たまたま他の学校が弱かったので野球の強豪校として君臨できたが、勉強第一の姿勢を崩すことはできなかったので、徐々に弱くなっていったことがある。早慶側の要因としては、野球をはじめとした輸入スポーツが明治時代の後期になると人気を博するようになり、身体能力に優れた学生が野球に興じるようになったし、特に早慶両雄のライバル心が両校野球部を強くしたのである。」（18―19頁）と述べている。

こうして、明治23年以来久しく王座にあった一高も、ついに早慶に敗れて王座を譲ったのである。「早大はアメリカ帰りの鼻息荒く、慶大何するものぞと気概に燃えていたし、野球部の歴史において早大よりもずっと古い慶大もまた、新興早大がアメリカ帰りで気勢を挙げているが、間もなく一蹴してくれようと時期の来るのを待ち構えていた。」（大和『野球五十年』113頁）また「野球好きの人たちはアメリカ帰りの早大とそれを迎え撃つ伝統の慶大の顔合わせを期待していた。試合前から三十八年の早慶戦は大きな話題になっていた。」（113―114頁）そして、いよいよ早慶戦が始まる。その1回戦は慶応が5対0で勝った（10月28日）。しかし、2回戦は早大が1対0で勝ち、3回戦も早大が3対2で勝って連勝したのであった。

前年の早慶3回戦で敗れ、全員が泣いた慶応野球部は、大和『日本野球史　明治篇』によると、「創部以来の猛練習に明け暮れた。冬の間は霜、氷でカチカチになっているグラウンドへ学校の始業前におどり出て練習した。冬去り、春去り、夏が来た。暑中休暇中は寮宿舎に合宿した。連日、練習は二回。酒類厳禁。食事制限。猛練習でヘトヘトになっても、与えられるものは角砂糖三個、ビスケット五枚以内、すべての生活は早大に勝つためにのみあった。」（154頁）そうである。

こうしたなかで、明治39（1906）年の早慶1回戦は華々しく行われた。この年の早慶1回戦は通算7戦目であった。

1回戦は10月28日、早大グラウンドで行われ慶応が勝った。続いて11月3日、綱町のグラウンドで2回戦が行われた。試合は早稲田の先攻で始められ、早稲田の河野安通史投手は得意の速球にアウト・ドロップを混ぜて慶応打者を手玉に取り、三振13個を奪う好投を見せ3対0と雪辱した。試合終了後、早稲田の応援団は応援歌を歌いながら三田の大通りを練り歩き、ようやく薄暮になったころ戸塚に引き上げた。三田界隈の商店街は応援団の乱暴を恐れて店を閉じ、歯をくいしばって悔しがった。

1勝1敗で迎えた3回戦（決勝）は11月11日、三田綱町グラウンドで開催することが決まったが、異常事態を懸念した慶応の鎌田塾長は、早稲田の総長を訪ねて試合の中止を申し入れた。けっきょく3回戦は中止となり、しかも驚いたことに、以降19年間も早慶戦は中止となってしまうのであった。

当時、慶応の投手であった小山万吉は「早慶戦中止の前日」と題して、次の通り『前掲慶應部史』に書いている。

早慶戦中止の時は一勝一敗で第三回戦の時であっただけに両校の興奮は其の極みに達した。毎日全校を挙げて応援の練習、選手たちの顔色も一段と真剣な表情。合宿所は三の橋と古川橋の間にあるお寺の本堂を借りて居った。青木投手は夜になると仏壇の前に座禅をして精神修養をやって居たのが卒業後の今でも目に残って居る。（略）試合中止の前日交詢社から電話があって、選手一同直ちに交詢社へ来る様にとの事。試合前日に何事だろうと心配しながら銀座へ歩いて行った。案内された室は狭く往来に面して居た。（略）少したって福沢捨次郎社頭が来られ、今鎌田塾長が早稲田に行って居られる。間もなく帰って来られるだろうとの話。我々には何の事だか一寸も判断がつかない。（略）間もなく、鎌田塾長が入って来られて『今、大隈さんと話して来たんだが、明日の試合は中止するから…』と話された。

それを聞いて、一同はビックリ仰天声を立てて泣き伏した。皆が少々落着いた頃、福沢さんが『まァそんなに悲しむな。試合は外国からチームを呼んでもよし、又米国へも行けるじゃないか』と言われた。会合は其れで終り、一同ショボショボとして合宿所の寺に帰って合宿を解散した。（28頁）（著者傍線）

右引用文傍線部の「福沢（捨次郎）さん」とは当時の体育会会長であり、創始者の福澤諭吉の二男・捨次郎で、アメリカのMIT（マサチューセッツ工科大学）で学んだ後、帰国後に野球の普及に務めた人物である。

この早慶戦については、以降の「3　早慶戦の中止へ」において、そこでは早稲田側から述べていくことになる。

2　早稲田大学（早大）野球部

1）東京専門学校時代

早稲田大学の前身は、明治15（1882）年10月に創立した「東京専門学校」であり、創始者は大隈重信〈註10〉である。

明治34（1901）年「早稲田がまだ東京専門學校と呼ばれた時代である。當時の校舎は、煉瓦造りではあつたが、一見貧弱なる講堂（略）と汚れて狭苦しい教場とが僅に三棟ばかり建並んでいたに過ぎない。かゝる状態であるから、運動に關する設備などは勿論完備している筈がない。只一つ亜鉛屋根の柔劍道場があるばかり（略）、運動場は、早稲田中學體操場と云う棒杭の杭の立られた所属不明瞭のものが（略）存在していたが、野球の庭球のと云う、戸外の運動は其の頃の専門學校には採用されていなかつた。こうした有様であ

大隈重信

るから、誰一人この運動場でボールを遊ぶ者などはなかつたのである。」（『早稲田大学野球部百年史』74頁）

こんななか、明治34（1901）年、翌年に早稲田大学と改称する準備として東京専門学校を高等予科として創設し、新入生を募集したところ「すでに郁文館中学野球部で名を馳せていた大橋武太郎が入部してきた。このほか（略）中等学校で野球をしていた選手があり、大橋武太郎を中心として『ギャッフル倶楽部』という集まりをつくって野球をやりだした。」（清水諭『前掲書』148頁）そうで、ここに初めて野球部と名の付くようなものが成立したのであった。

「彼等は各自會費を集め、不恰好な美満津屋のミット、『この木目にて打つべし』などゝ注意書のしてあるバットを購入した。ノックの響、ミットの音が、漸く早稲田の森に聞えるようになつたのは、實にこれから後である。」（『前掲早大部史』74頁）

しかし、使用する運動場は大変狭く（今の運動場の4分の1くらい）、しかも「草蓬々の大凹凸右翼の方は甚だしい傾斜を示し、ゴロを逃すと轉々として仲仲止まらない。其の上周圍は民家の宅地内の竹藪や、灌木の垣根であつたから、球がその中に飛び込んだら最後、試合を休戰して兩軍總掛りで捜索にとりかゝる。しかも安易に見付からない。（略）近隣の民家からは（略）侵入禁止の高札まで立てられた。」（74頁）そうである。

当時、技量に優れ野球部を引っ張っていたのが「大橋武太郎で、これに次いでは（略）水戸出身の鈴木豊、青山學院出身の西尾牧太郎、麻布中學出身の丸山二郎（略）等で、人数は漸《ようや》く揃ったが、何しろ創立されたばかりであるから、練習の規律もなければチームの統一もなく、頗《すこぶ》る乱雑なものであり、早稲田中学の少年等と戦っても、大差で敗北することから、中学生から冷笑される始末であった。」（74頁）ということである。

こうして、明治34（1901）年の夏休みが終ったころ、部員も何人か増えた。そこで、今の実力の程を知りたいと思った部員たちは、当時の最実力校の一高では勝ち目はないので、次善の策として学習院ではどうかを思案した。もちろん勝ち目はないと思いつつ、何事も経験と割り切って学習院に挑戦状を出した。それを受け取った学習院は、無名のチームからの挑戦状に首を傾けつつも、面白半分で承諾することになった。

「當時の學習院は、都下の雄鎮として一高と並稱された大チームであつた。」（『前掲早大部史』81頁）そこで東京専門学校（後早大）は、選手を選出するとともにユニフォームを（自費で）新調した。「野球帽、白ツカラギ地のユニフォーム、地下足袋、しめて六十銭也。一夜漬けの試験勉強ならぬ短時日の猛練習をやった。」（大和『日本野球史　明治篇』110頁）

こうして、いよいよ学習院の四谷グラウンドに乗り込んだのであった。

「相手の学習院ばかりか、自校の学生もベースボール部の存在をしらなかったから、応援者皆無。学習院側は（略）野次馬が相当多かった。大敗必至と見られていたのに、八回まで三対六と善戰であった。そして九回裏（略）ついに専門校は二点を追加し、この回だけで四点をあげ、試合を逆転した。東京専門七―六学習院」（110―111頁）という思いがけない結末（勝利）となった。

野球部は「我がチームは学習院を粉砕せり」と学内に掲示するとともに、大隈庭園で戦勝記念撮影まで行うという大変な喜びようであった。また部長の「安部教授は戰前の約束に従い、翌晩寺町の西洋料理明進軒に一同を招待して、戰捷晩餐會を開かれ、大に選手を激勵するところがあつた。」（『前掲早大部史』75頁）ということである。

強敵学習院を破って大いに気を吐いた新鋭野球部は、明治34年の冬は鎌倉師範の校庭で練習を行った。そして、翌明治35年は「創立二年として、春は駒場農科大學、秋は學習院と試合をなしたが、草創の勢威整わず大に戰うの餘裕がなかつた。獨協、早中等と練習試合を行つて只管兵を練つた。」（『前掲早大部史』81頁）そうであるが、この駒場農科大学との試合は5月、農科大学の運動場で行われ5対12で敗れたものの、当時の農科大学は誰もが認める強いチームであったので仕方なかった。

しかし、駒場農科大学に敗れた専門学校は、これではいけないと、暑中休暇は栃木県宇都宮中学の校庭で一カ月間の長期練習をやった。このころ、新グラウンド（戸塚球場・後安部球場）の水田埋め立てはかなり進んでいたが、まだ使える状態ではなく、試合がやれるようになったのは、明治37年も秋に入ってからのことであった。

2）野球部創設と躍進

清水論『前掲書』は「当初からギャッフル倶楽部の練習や試合を観にいったり、会合にも参加し、事実上世話役のような立場であった安部磯雄は、マネージャー役の弓館小鰐〈註11〉とともに一九〇二（明治三五）年八月に早稲田大学野球部を創設し、安部は部長に就任した。このときすでに安部は、大隈総長の助力により運動場を建設し、さらに野球部が覇権を握ったあと、海外遠征をして国際試合を行う計画を明らかにしている。」（149頁）と述べている。

明治35年10月、東京専門学校は創立20周年を迎え、早稲田大学と改称、野球部も（正式に）早稲田大学野球部となった。そして「学生に健全な身体と活発なる精神を養はしめ併せて修得の実行を為さしめる目的で（略）新たな規則が定められ、早稲田大学体育部として第一歩を踏み出すことになった。」（大和『前掲書』107頁）のである。

「初代野球部長は安部磯雄、副部長は高杉滝蔵であった。安部初代部長の約束、『諸君が、一年間、東京中の一流チームに全勝したら、アメリカへ遠征させてあげます』」(大和『日本野球史　明治篇』112頁)とのことであった。

このころの早大野球部は、創立記念に開いた野球大会の紅白戦に、一高から小林弥之助を招聘したり、一高出身の守山恒太郎に審判など、一高式野球を手本としていたようである。実は、明治35年春早大野球部は、押川清(郁文館中出)や橋戸信(青山学院中出)といった優秀な選手を部員に迎えていた。

早稲田改称の記念行事が終って間もなく、学習院から挑戦され、それを受けた野球部は同年秋(10月)、今度は学習院を軽視して出かけていったら、練習を積んで待機していた学習院によって、2対14で大敗してしまった。

早稲田はこの学習院戦敗戦後、独協中戦、鎌倉師範学校校庭での冬期練習、愛知一中戦、横浜アマチュア倶楽部(YC & AC)戦を行うことで力を付け、明治36(1903)年の試合シーズンを迎えることになった。

表7は、明治34年から明治39(1906)年までの早大野球部の戦績を示したものであるが、新生早大野球部の活躍とその躍進ぶりがうかがえるであろう。そこで参考までに、この間の戦績は19勝12敗で勝率6割1分(ただしアメリカ遠征の戦績は除く)というものであった。

（表７）早稲田大学野球部の戦績（明治 34―39 年）

年月日	対戦相手	場所	結果	備考欄
明治34年10月	学習院	学習院	○７対6	東京専門学校時
明治35年５月	駒場農科大	駒場農大運動場	●5対12	
10月	学習院	学習院（四谷）	●2対14	早稲田大学野球部創設
明治36年10月10日	＊横浜アマチュアC	横浜公園	○9対7	
11月21日	慶應	三田綱町	●9対11	初の早慶戦①
明治37年５月27日	学習院	学習院校庭	○14対7	
６月１日	一高	一高校庭	○9対6	
６月４日	慶應	綱町	○13対7	早慶戦②
７月２日	＊横浜アマチュアC	横浜公園運動場	○28対3	
７月20日	学習院	学習院校庭	○3対2	
７月24日	＊横浜アマチュアC	横浜公園運動場	○18対2	
10月30日	慶應	戸塚球場	○12対8	早慶戦③
明治38年３月27日	慶應	義塾校庭	●0対１	壮行試合
４月29日	スタンフォード大学	アメリカ	●1対9	アメリカ遠征初戦
６月12日	ホイットウォース大学	アメリカ	○2－0	遠征最終戦
４月29日－６月12日	アメリカ遠征26戦	アメリカ	7勝19敗	遠征中の戦績
10月12日	学習院	学習院校庭	○6対3	
10月28日	慶應	戸塚球場	●0対5	早慶年3回の1回戦④
11月９日	慶應	三田綱町	○1対0	2回戦（1勝1敗）⑤
11月11日	慶應	戸塚球場	○3対2	3回戦（2勝１敗）⑥
明治39年４月13日	愛知一中	―	○5対2	―
４月28日	米艦ウィスコンシン	戸塚球場	●1対7Ａ	対米艦1回戦
５月12日	一高	三田綱町	○6対1	一高初めての三田綱町
５月25日	米艦ウィスコンシン	戸塚球場	●7対8	対米艦2回戦
９月19日	米艦ウィスコンシン	戸塚球場	●2対5Ａ	対米艦3回戦
10月４日	学習院	学習院校庭	●3対４	早学（1回）戦
10月６日	＊横浜外国人	横浜公園運動場	○４対2	対横浜外国人1回戦
10月13日	学習院	戸塚球場	○3対１	早学（2回）戦
10月14日	＊横浜外国人	横浜公園運動場	●2対3	対横浜外国人2回戦
10月17日	学習院	学習院校庭	○15対3	早学（3回）戦
10月28日	慶應	戸塚球場	●1対2	早慶戦（1回戦）⑦
11月３日	慶應	三田綱町	○3対0	早慶戦（2回戦）⑧
11月11日	慶應	戸塚（予定）	中止	早慶戦（3回戦）⑨

＊横浜アマチュアＣ＝横浜 YC&AC ＝横浜外国人　　　　　○数字は通算回数
＊＊戦績＝ 19 勝 12 敗（勝率６割１分、ただしアメリカ遠征時 26 戦は除く）
『早稲田大学野球部百年史　上巻』大和『日本野球史　明治篇』『東京六大学野球全集』などにより著者作成

そして明治36（１９０３）年4月には、明治学院から河野安通志《こうのあつし》、郁文館中学から森本茂雄、盛岡中学から小原益遠、獅子内《ししうち》謹一郎が入部して陣容が整備されたので自信を深めた。充実したメンバーになったところで、暑中休暇には浜松中学の校庭で猛練習をやり、連日練習試合をやった。従来にはなかった練習方式も取り入れた。厳密には無名に等しい早大野球部であったが、中学球界の強豪愛知一中との対戦では、練習試合ながら押川の2本のホームランなどで25対8で大勝し、大きな自信を得た。

秋になって、横浜外国人クラブ（YC&AC）に試合を申し込み、快諾を得て対戦した。河野投手が好投し、9回に疲れて5点を与えたものの9対7で勝利した。大和『野球五十年』によると、「横浜までくりだした応援団は五〇〇人。いずれも新橋横浜間半額券を利用して汽車でおし出した。切符の表面に、拍手以外一切の弥次行為を禁ず、と刷ってあった。」（91頁）そうである。

明治36年11月5日、早大野球部は慶応野球部に「挑戦状〈註12〉」を送り、翌月21日にはこの年完成した慶応綱町球場（現JR田町駅から徒歩10分）において、慶応と試合を行った。写真15〈註13〉は、記念すべきそのときの両軍メンバーであるが、『前掲早大部史』は「謂ば早慶戰の第一回とも云うべきものであつた。しかも一高覇を稱し、學習院又重きをなしていたから、兩者の會戰は必ずしも衆目を惹くものではなかつたが、横濱外人を蹴破した斯界新進の武者振りは、壯烈を極めたものであつた。當時の慶應は未だ全く一流を以て許さるゝに至らなかつたけれども、相當歴史を有してチームとしても遙かに整頓していた。」(83頁)と書いている。

この慶応との試合の序盤は、早稲田リードで進んだが、9対11で惜しくも逆転負けした。この試合、両チームとも野次はなく静かで、「都下の新聞紙相傳えて美風となした。」(83頁)そうである。当時またそれ以降も、応援団のすさまじい野次は当たり前であったが、先の対外国人戦で野次が禁止されたことが、この試合に影響したのであろうか。いずれにしても、当時の試合の応援としては、不思議な出来事であった。

この早慶戦終了後、両校での懇談会

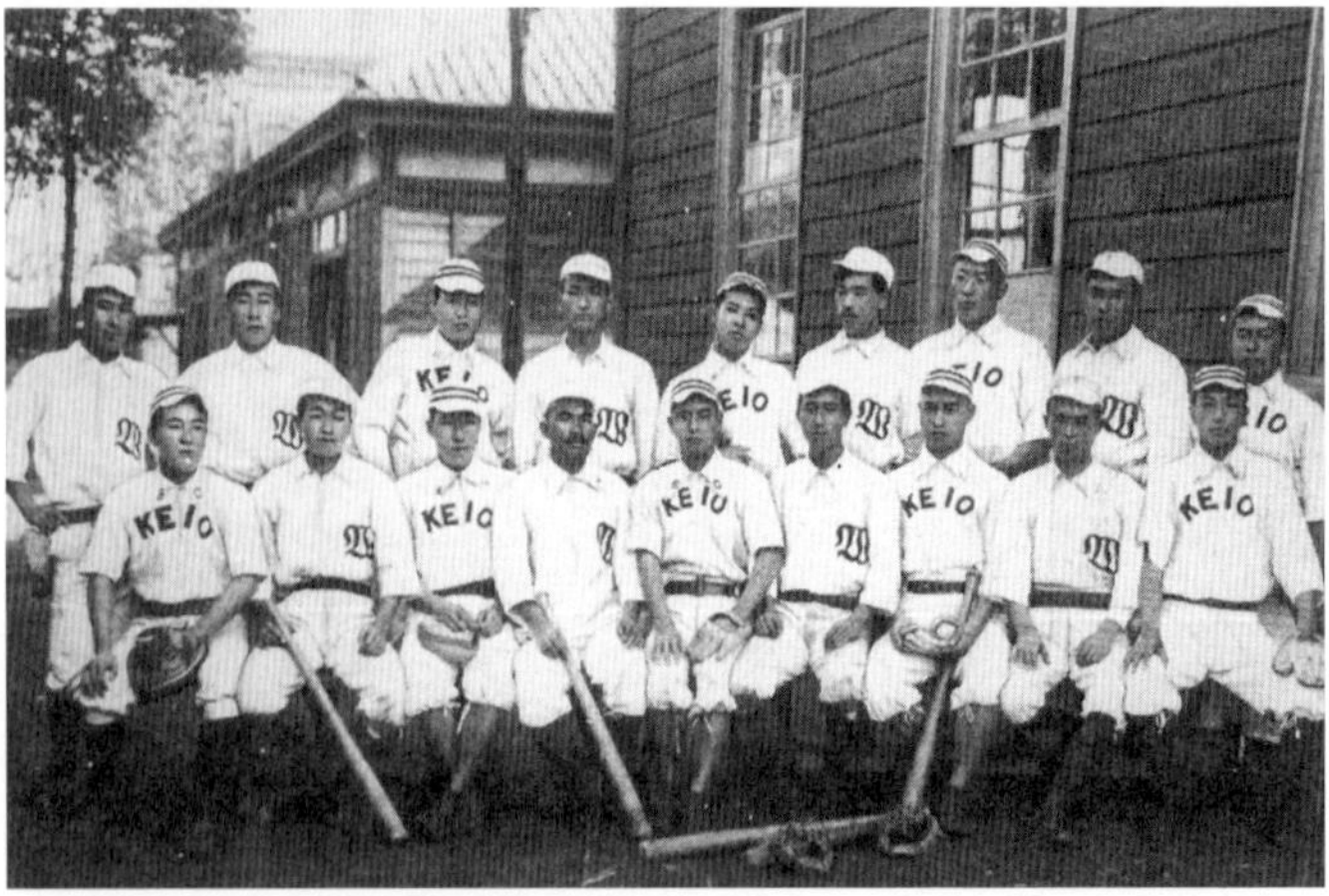

(写真15)第1回早慶戦両軍メンバー
(前列左から)青木、森本、時仁、橋戸、林田、河野、宮原、小原、吉川、
(後列左から)鈴木、獅子内、柳、押川、高浜、泉谷、桜井、猪瀬、宮本
−記念すべき第1回戦(明治36年11月21日)は11対9で慶応が制す。

が行われた。そこで、これからは春・秋シーズンに1回ずつの定期戦を行うことが決まった。

明けて明治37（1904）年、「急進又急進して倦《う》まなかつた城北早稲田が、空高く飛ぶ秋が來た。實に明治卅七年春秋二期に亘る當部の活躍は、當るもの總てを粉砕し、眞に野火枯草を燎く勢であつた。チーム整う僅かに三歳、日本野球界の覇者の權は、完全に我が掌中に収められた。」（『前掲早大部史』83―84頁）と書かれている通り、早大野球部は学習院（2回戦）、一高、慶應（2回戦）、横浜外国人クラブ（2回戦）を戦い、7戦全勝を成し遂げたのである。（表7参照）（写真16）

すでに述べた通り、この明治37年はこれ

（写真 16）明治 37（1904）年早大野球部「全勝」メンバー
－中央が安部磯雄部長、その右側が橋戸と押尾清、後列右から 2 番目が河野投手

まで覇権を握っていた一高の牙城が崩れ去り、新たに早慶が覇権をつかんだ年となった。まず、早大が6月1日一高を9対6で破ると、慶応も6月2日11対10で一高を破ったのである。ここに、早慶時代が到来したということになるが、このことについて『六大学野球全集』は次の通り書いている。

三十七年立派に一高に勝つて、志を得、名を成し、覇權を持するに至つた。然るに新進の早稲田の大發展大進歩により、同年一高を敗り覇權を奪はんとし、はしなくも爭覇の事、早慶兩者の業となり、所謂早慶時代を生み、今日に及ぶ事となつたのである。(24頁)

そして、明治37年の早大野球部のこの全勝は、以前、安部部長が約束していたアメリカ遠征を、現実的なものにしたのであった。

このことについて、『前掲早大部史』は「茲《ここ》に於いて安部々長の意は決せられた。即ち事を大學当局に圖《はか》り、其の実現を急いだのであるが、奈何せん、野球界の状勢とは之を實行せしむべく、餘りに微力であつて容易に許可さるべく思われない。唯々部長の破天荒の計畫は、徒《いたずら》に一笑の下に葬り去られん形勢にあつた。しかも、理想の實現に熱誠なる部長の奔走は、遂に何者も説伏せざればやまない。力説大に努めた結果、總じて反對説を一掃して、芽出度《めでたく》議は決せられた。選手一同は、天に歡び、地に歡んでただひたすら出發の日

を樂しんだ。」（89頁）と書いている。〈註14〉

しかし、早大野球部のアメリカ遠征が報じられると、これを羨《うらや》む者、またはその無謀さを嘲《あざ》ける者など、当時の野球界は騒然となったが、野球部は世間のそういった風評にはいっさい耳を傾けることなく、着々と準備を急いだ。〈註15〉

3）初のアメリカ遠征

早大は遠征の準備段階において、スタンフォード大学とカリフォルニア大学に親書を送ったところ、明治38年3月に、スタンフォード大学から（了承の）返事が届いた。こうして明治38年4月4日、多大な抱負と希望を抱いて横浜港を離れた一行は、アメリカ西海岸を転戦して26試合を行い、初志の目的を果たして帰国するという日本野球界として初の海外遠征を実現させたのである。

ところで、渡米に当たっては慶応からの申し出で、明治38年3月27日に送別試合を行ったが0対1で敗れた。しかし、その試合前に安部部長から、「負けてもいいではありませんか。アメリカで聞かれたら、〝我々より強いチームもあります〟と答えたら、かえって日本球界は尊敬されるでしょう」（大和『前掲書』128頁）と説明されていたことで、部員たちが不安を覚えることはなかった。

そして明治38年4月4日、米国船コレア丸に乗って渡米した一行は（部長）安部磯雄、（遊撃主将）橋戸信、（二塁）押川清、（投手）河野安通志など13名であった。

大和『前掲書』によると、4日に出発した「一行は二十日にサンフランシスコ着、翌二十一日から、試合を予約してあったスタンフォード大学グラウンドで練習し、二十九日から試合を始め、六月十二日迄の間に、ロサンゼルス、シアトル、タマコに及ぶ千五百哩の間を転戦して、試合数二十六をこなしたが、その間に、五日連戦…一回、四日連戦…一回、三日連戦…二回の強行日程もあり、全員疲労し果てたのは当然であったが（略）無謀にすぎたのは投手が河野たった一人であったことだ。当然の如く二十六全試合を河野投手単独で投げ切った。これでは、好成績をあげられる筈もなく、七勝十九敗の成績に終わった。」（129―130頁）ということである。

そこで早大野球部が、この遠征で痛切に感じたことは、敵の投手が豊富であり、「しかも味方は僅かに一人の投手を有するに過ぎない。其の一人の投手たる河野は、連戰二十餘回の試合を投球したに至っては、聊《いささ》か無謀と云わねばならぬ。」（『前掲早大部史』90頁）ということであった。

河野の連日の投球に、アメリカ人は同情を寄せるとともに、彼を鉄腕河野（アイアンコーノ）と称したそうであるが、この投手問題については「全く米國の事情に通ぜぬためと、當時極めて選手を得るに困難にして、二人もしくは三人の投手をうるなど、到底望み得なかつた状況とが、一人の投手を擁して苦戦せねばならぬ破目となつたのである。」(90頁)

なお、この遠征時の全試合の戦績は『前掲早大部史』(91頁)や『東京六大学野球全集』(33―34頁)に記載されているが、本書では紙面の関係上省略した。

4)アメリカ(科学的)野球の採用

アメリカ遠征によって、早大野球部が得たものは「科学的野球術」であった。これによって、これまで「幼稚であつた本邦野球界が如何に啓蒙されたか、(略)此の點に於いて早稲田野球部は日本野球界の啓發者たる名譽を擔《にな》うべく何人も異存を唱うる事が出來ない。」(『前掲早大部史』91頁)とし、『前掲早大部史』(91頁―93頁)は具体的に得られたことを記している。そこで以下、日本野球にとって大きな転換期ともなる重要なことなので、その概要を紹介しておくことにしたい。

「グラブと野球靴」=これまで使用してきた内外野手のミットから、捕手と一塁手以外はグラブを使用することになった。また、旧時代の脚絆《きゃはん》(半)足袋からスパイク靴を履くことになった。

「練習法の改善」=打撃練習、投手練習など、秩序ある練習法を行うことになった。

「二塁手の連絡」=走者牽制《けんせい》は、以前は二塁手は塁上にいたが、これからは二塁手は通常の位置を取り、遊撃手と呼応して走者を牽制する新法となった。また二塁の刺殺については、これまでは一塁からの走者を刺す場合、捕手からの球はすべて二塁手がベースに入っていたが、これからは遊撃手もこれに加わることになった。

「スクイズプレー」＝従来このプレーは誰にも知られていなかったが、今回の遠征で修得して帰り、早慶戦に用いて成功し、それから広く行われるようになった。当時、このプレーは「バントエンドラン」と称した。

「バントの運用」＝渡米前もバントをブントと呼び、ときに行う者があったが、正式の方法を知らなかった。このバントは遠征軍の土産の中で得た重要なものの一つであった。

「ウォームアップ」＝投球の最初から全力で投げるために、ウォームアップのキャッチボールを知らなかった。

「投球術の進歩」＝スローボール、スピットボール―唾を付けたボール（反則球）などが河野によって紹介された。殊にチェンジ・オブ・ペースの効用を知ったのもこの遠征時である。また、ボディースイング（ワインド・アップ）が紹介されたことは、投球の外形上最も人々を驚かせた。なお、このボディースィングは、河野が明治38年秋の早慶戦で披露する前に、水戸中学の大井齊投手（後に早大）が明治38年10月7日、慶応綱町運動場で行われた「慶応普通部対慶応中学」の試合で披露し、観戦者を驚かせたそうである。

「スライデ（ディ）ング」＝滑り込みもこの後、大いに行われるようになった。全て手から行われた。

以上が、早大野球部の海外遠征から得られた科学的野球術（の概要）であるが、さらに『前掲早大部史』は「以上は略記に過ぎない。更らに筆を運んで叙述するならば、多々益々あるが要するに當部第一回の渡米に依つて、日本球界が科學的に覺醒された事は争うべくもない。當部は實に科學的の革命者であつた。」93頁）と書いている。

そこで、早大野球部としても、この新しいアメリカの科学的ベースボールを広く伝えようとするのであるが、この試みについて、富永俊治『早慶戦百年激闘と熱狂の記憶』は「帰国後、安部は主将の橋戸をはじめ、押川や河野らと、アメリカで得た新知識を広める方策を話し合った。その結果が、橋戸自身が執筆した『最新野球術』や、アメリカから持ち帰った野球に関する原書を、得意の英語で精力的に翻訳した河野の手による啓蒙書となった実を結ぶ。それらは、たちまち野球に携わる人々にとっての『教典』となり、早稲田のアメリカ土産は全国の大学、中学に普及して行った」（60頁）と述べている。

3　早慶戦中止へ

明治38（１９０５）年6月12日に、アメリカ遠征から帰国した早大野球部は、しばらく経った10月13日、まずは学習院と対戦した。この試合は6対3で勝ったものの危うい展開であったことから、アメリカ遠征の成果を期待した野球ファンからは、期待はずれと批判された。こうした状況のなかの10月28日、慶応と試合日程の協議を行った。そして、これまでの春・秋シーズン各1回（2回戦）の試合を、秋シーズンのみにして3回戦にすることを決めた。

こうして始まった早慶1回戦（10月28日）は、戸塚球場で行われた。この試合、早大はあっけなく0対5で敗れた。渡米前後に慶応に破れた早大の醜態は批判の的となったが、選手たちは馬耳東風と聞き流し、次の2回戦必勝に備えた。

2回戦は、11月9日に綱町で行われ1対0で早大が雪辱した。そして1勝1敗となった3回戦は、11月11日に戸塚で行われ9回まで1対1の同点で延長に入り、11回表に早大が2点を加えて3対1とリードした。慶応はその裏1点を返したものの、けっきょく3対2で早大が勝って2勝1敗とした。

そこで、第4章1―3）の「応援団の成立と問題」のところで触れたが、「アメリカ風の馬言、冷評等のない正々堂々の応援」がなされたのは、実はこの試合でのことであった。この試合の応援について、富永『前掲書』は次の通り述べている。

この一戦は野球における応援の面で画期的な試合となった。アメリカ遠征で団体での応援方法を知り、それを日本に持ち帰った早稲田は、学生が『WU』と白く染め抜いたエビ茶色の三角旗を振りながら応援を続けた。野次と怒号が主流だった当時としては、斬新でスマートな応援である。だが、慶應も負けてはいない。早稲田の新しい応援方法を事前につかみ、それに対抗すべく奇抜な応援を編み出したのである。

それは『人文字』だった。七回裏の慶應の攻撃を迎えるや、学生服で黒々としていた応援席に、突然『KO』の白い二文字が浮き上がり、球場全体をアッと言わせた。文字の部分に座る学生が学生服を脱いでワイシャツ姿になっただけの単純なものだが、応援でも渡米帰りの早稲田に一泡吹かせてやろうという慶應の意地が感じられる。（略）人文字のルーツはこの試合での慶應にあったのである。（59―60頁）

次に、明治39（１９０６）年の早慶戦であるが、前年2勝1敗で勝利し、今度は受けて立つ立場となった早大は、言うまでもなく早慶戦に標準を合わせた。そこで、対一高戦や対学習院戦は、あくまでも早慶戦勝利への通過点として考えた〈註16〉。

そして秋が来た。10月末に、早大新主将の押川清は慶応の新主将桜井弥一郎を訪ねて打ち合わせを行った。その結果、１回戦は10月28日に早稲田で、２回戦は11月3日に慶応で行うことになった。また応援団は、双方２５０人ずつにすることとした。こうしていよいよこの年の早慶戦は、衆目を引くなか、刻一刻と迫ったのである。

この明治39年の早慶戦（の出来事）について、小関順二『野球を歩く』は「明治39（1906）年10月28日、戸塚球場で行われた早慶1回戦は慶大が2対1で勝利したが、このとき慶大応援団が大隈重信邸の門前で万歳を三唱して物議をかもした。2回戦は綱町グラウンドで行われ、今度は早大が3対0で勝利して早大応援団が三田キャンパス内にある福澤諭吉邸前まで出張って万歳を絶叫した。」（80頁）と述べている。

しかし、大和『前掲書』によると、この慶応応援団が大隈邸前で万歳を三唱したのは「すべて偶然の所産であった」（166頁）そうで、たまたま大隈邸前で（早慶戦で勝った）慶応庭球部一行とばったり出会ったことから、両部が健闘をたたえて万歳三唱に至ったというのが真実のようである。

一方、2回戦に勝った早大は、どうやら喜びの度合いが過ぎたようで、怒鳴りながら踊りながら、計1万2000人が三田の街を練り歩いたのであった。

このように、明治39年の早慶戦は、両校の応援団の起こした行動が引き金となって、（1勝1敗で迎えた）3回戦が中止になってしまい、以後19年間も開催されなくなってしまうのである。この「中止」については後述することにして、ひとまずこの年の早慶戦の戦いぶりについて（ここでは早大側から）述べておきたいと思う。

1回戦早大は、慶応の青木投手のスローカーブに苦しめられ、1対2で敗れた。2回戦は両軍投手が好投したが、早大は青木投手をバント攻めで苦しめ、押川の適時安打によって試合を有利に進めた。早大の河野投手は、得意の速球とアウト・ドロップで慶応の打者を手玉にとり13個の三振を奪った。けっきょくこの2回戦は、3対0で早大が勝って1勝1敗としたのであった。

そしてこの2回戦が終ると、両チームとも11月11日と決まった3回戦（決勝）に向けて練習に入った。そこで、早大野球部は「かつて明治三十八年の渡米の際コーチを受けたシカゴ大学主将のメリーフィルド（当時、東京学院英語教師）を再びコーチとして招き（略）練習を開始した。（略）その時の練習法は、いまでいうシートノックで、全選手を所定の位置に立たせ、ライナー、ゴロ、バントを打ち分けて、選手に実践の勘を養わせた」（横田『早慶戦の謎』159頁）というものであり、おそらくこの指導法は日本で初めてのことだったと思われる。

では、ここから「早慶戦中止」の原因となった応援団の（過熱した）行動と、中止後の復活に向けた試みについて述べていきたい。

まずは、こうした応援について、『前掲早大部史』は「二回を通じての應援は兩校とも猛烈を極めた。早大は吉岡信敬（略）等應援團幹部として指揮し、二回戰には早大生六百、早中早實より五百、青山學院等加わつて、赤海老三角旗を打振り、慶應は紫三角旗以て是

吉岡信敬

に應じ、壮觀を極めた。早大二回戰に勝つや、三田通りを濶歩し四列縦隊をつくつて、早稲田の萬歳を高唱しつつ戸塚に歸つたが、此の試合を終りとして、何時開かれるか知らぬ暗い蚊帳の中に閉じられようとは、神ならぬ身の知るものはなかつたであろう。」（100―101頁）と書いている。

また、大谷要三『近代スポーツの歴史』によると、「『第三回戦こそ関ヶ原！』と翌日の新聞が書いたその決戦の日は一一月一一日（三田綱町グラウンド）と決まったが、いつとはなしに怪情報が飛んだただならぬ気配となったので、慶応の塾長は早稲田の総長を訪ねて試合の中止を申し入れた。驚いたのは両チームの選手たちで、早稲田側は協議の末、主将・押川清を使者として慶応主将・桜井彌一郎を訪ねさせ『応援がいけないのなら応援なしで戦おう。それがだめなら試合場を『関西に移してやろうではないか』と交渉した」（38頁）。しかし慶応側はこれに応じず、3回戦は中止となってしまった。（写真17）その後、明治42（1909）年9月19日、早大野球部が早慶戦の復活を正式に申し入れたが、慶応はこれを拒絶したのであった。

さらに、明治42年4月に設立された日本で最初の組織的なスポーツ団体の日本運動倶楽部（尾崎行雄会長、後の東京市長）が仲介に入ったが、慶応はかたくなに拒否した。また「第三回極東選手権大会（東京）」を控えた大正5（1916）年、大会会長となる嘉納治五郎は、日本代表チームを選出する予選大会に、慶応の参加を求めた。それは、慶応をこの予選大会で早稲田と戦わせて、和解させようとしたのである。しかし慶応は、この嘉納の提案も拒否したのであった。

けっきょくこうした努力のかいもなく、大正14（1925）年10月19日に復活戦が行われるまで、実に19年間も早慶戦は中断してしまうのであった。

4　早慶野球部新時代

これまでのわが国（学生）野球界の発展は、早慶両校の争覇によるところが大きかったが、早慶の確

（写真17）早慶戦中止後、早大グラウンドにて応援団と記念撮影

執はついに解けず、野球界の進展のためには、どうしてもほかの方面に期待しなければならなくなり、早慶野球部は好敵手を外（アメリカ）に求めることが強いられることになった。そこで、まずは慶応が明治40年秋、ハワイ・セントルイス球団を招待したのである。

1）慶応野球部がハワイ・セントルイス球団招待と初の海外遠征

「このチームは、日本を訪れた初の外国チームであったが、レスリーの豪速球、ローン、ジョーンズ、ブッシュネなどの猛打、中国人エンスイの快走などで日本のファンを驚かせた。」（大谷『近代スポーツの歴史』（39頁）このハワイ野球チームはセミプロであり、その強さは横浜アマチュア倶楽部など比較にならないほどで、いまだ揺籃期を脱していないわが国野球界に大きな刺激を与え、その完璧な守備の前に、日本チームはほとんど全敗の憂き目を見なければならなかった。（写真18）このハワイ・セントルイス球団とは慶応は5回、早大は3回対戦した。

慶応は10月31日、綱町運動場で初戦を行い、延長13回の末5対3でセントルイス球団に勝った。この後、慶応は3連敗したが、最終5回戦（11月18日）は5対4で勝って2勝3敗とした。一方の早大は0対2、0対4、2対9で敗れて3連敗であった。

そこで、セントルイス球団と対戦した両校の感想であるが、慶応は「神吉、佐々木、小山、福田らを有する慶應は善戦した」(『前掲慶応部史』30頁)と書いている。しかし、早大は「彼我の技倆餘りに懸隔あり、思うがまゝに翻弄された。彼等は種々の事情より、第一回、第二回に手心を加え、第三回戦に於いて思う様打ち捲くつた。投手レスリーの猛球の如き、當時の本邦野球界には全く見られざるもので、第一回には飛田、第二回には山脇が各一個の安打を得たるのみ、(略)而も第一回の三振は十、第二回は十三、赤兒の手を捻るが如く扱われた。三回戦にはハワイ方ブシネルを投手とした爲、早大八個の安打を飛ばしたが、敵の守備牢乎として抜くべからず、二點を獲たのみ」(『前掲早大部史』104頁)と書いている通り、全くの惨敗を味わったのであった。

ここで、この試合の一つのエピソードを紹

(写真18)明治40(1907)年、ハワイ・セントルイス対慶応の試合
−初の有料試合が行われた。

介しておきたい。

それは、慶応が3回戦に敗れて1勝2敗となった直後、秋山真之《さねゆき》〈註17〉(正岡子規の幼な友達であり、子規と同じ東大予備門に入学するも中退し海軍兵学校に進む)は、11月13日付で、慶応野球部に「フンドシの効用を説いた手紙を送った」(片上雅仁『秋山真之の謎を解く』33頁)そうである。

手紙では、長いフンドシの締め方を丁寧に説明し、ヘソ下二寸あたりをしっかり締めることが特に大切であることを強調し、「小生は、目下、海軍に奉職しておりますが、大学予備門時代にはずいぶんと野球にふけったもので、今回の対外試合も少なからず関心をもって拝観してきました。今後の二試合は、帝国腕力の名誉にもかかわるもので、貴校の勝利に終わることを切に希望しております。(略)」(34—35頁)と激励した。

真之が慶応野球部に送った手紙の概要は右のとおりであるが、この手紙の効果について片上『前掲書』は「かくて、真之のフンドシ論は、充分に理論的基盤を備えた本格的なものであった。このフンドシ論が効いたのかどうか、慶応は残り二試合とも勝利して通算二勝三敗であった。」(著者傍線)と述べている。

しかし、実際の試合結果は(傍線部通りになっておらず)、先に述べた通り、慶応が2勝したのは1回戦と5回戦であった。つまり、片上『前掲書』の記述は、どうやら真之の「フンドシ論」の効果を強調するためか、正しい記述になっておらず、正しくは「慶応の残り2試合は、1勝1敗で通算2勝3敗であった。」と書くか、「慶応は、最終5回戦に勝利して通算2勝3敗とした。」と書くべきところであった。

ところで、このハワイ・セントルイスを招待した試合では、ある特筆すべきことがあった。それは、慶応がこの球団を招待するための費用を得るために入場料を徴収し、その入場券を前売りしたことであった。明治40年10月31日は外国人チーム来日の初日であると同時に、わが国で野球に入場料を徴収した最初の日であった。その入場料は60銭、30銭、10銭で当時の貨幣価値からして決して安いものではなかった。

翌明治41（1908）年6月29日、慶応はハワイからの招待に応じて鷲沢与四二監督以下11名、野球部創設以来初の海外遠征の途に就いた。7月8日ハワイ着、14試合を行い9月11日に帰国した。この遠征の成績は、7勝7敗であった。なお、前年来日したハワイ・セントルイス球団との対戦は二度あり、1対5と9対4の1勝1敗であった。

この初の海外遠征を終えた慶応は、着実に実力を付けていた。その証拠に、この年秋に来日したシアトル・ワシントン大学と（早大グラウンドで）3回対戦し、2対1（9月26日）、14対3（9月27日）、3対2（10月4日）と全勝している。また10月から11月にかけて、米艦連合軍に5対4で勝利（もう1試合は1対1で引き分け）、米艦ウィスコンシン号に11対3、米艦オハイオ号に12対1、東京倶楽部に3対1でそれぞれ勝利している。

ただ、11月から12月にかけて来日したプロ球団リーチ・オール・アメリカン（プロ二軍オールスター）には、4回対戦して4敗しており、やはりプロ球団には歯が立たなかったようである。

このように、明治41年の慶応野球部は初の海外遠征を経験し、またレベルの高いアメリカのプロチームと対戦するなど、次段階また次の時代に向けて大いなる成果（実力）を重ねる年となった。さらに明治44年4月から8月、慶応は二度目の渡米を果たし29勝20敗1分、中止2という成績を残した。

2）早大野球部がワシントン大学招聘

明治41（1908）年、「安部々長はシャトル・ワシントン大學を招聘する事を大學當局に圖り、多大の障害を排して決行する事になり、秋遂に同野球團を招聘した。これ日本野球界が米國大學を招聘した最初であつて、先驅して渡米した當部は又も此の一大事業に先鞭をつけたのである。當時財政上頗る不安を感じられた此等外國チーム招聘の事は、飽くまでも自信力に富む安部々長にあらざれば決行し能わざるところであつた。」（『前掲早大部史』105頁）ということである。

ワシントン大学の日本滞在中（9—10月）の戦績は、6勝4敗であった。そのうち、慶応との対戦については、前項1）で触れた通り0勝3敗であった。また、早稲田とは4試合戦い3勝1敗（4対2、3対6、4対1、5対3）であった。

このワシントン大学との試合について、『前掲早大部史』は「當時のワ大學チームは決して強チームではなかつたが、早稲田は不運にも選手に故障を生じ、二壘飛田の負傷、深堀の負傷等相亞ぎ勝ち得べき試合を失つた事一再ではない。然し財政上には缺損を生ずる事なく、入場料にて諸費用を滿し得た。」（107頁）と書いている。この入場料については、慶応がハワイ・セントルイスと招待試合を行ったのが最初（明治40年）であったが、今回はそれに次ぐものであった。しかし、この入場料徴収を巡っては、当時、反対意見も多かったことから、外国チームを招待するときのみに限られた。

3）アメリカ・プロチーム来日

ワシントン大学が帰国した一カ月後、今度はアメリカ・プロチームが11月から12月にかけて来日した。日本では早慶などと17回対戦し、17戦全勝という圧倒的な強さを見せつけた。「このチームは運動具商が二流どころのプロ選手を集めて編成したものであったが、大隈重信が日本初の始球式を行ったり（一一月二二日）、フラハティ投手が対早大二回戦（一一月二八日）に完全試合を記録したりで話題を残した。」（大谷『近代スポーツの歴史』41頁）

このアメリカ・プロチームについて、『前掲早大部史』は「米國商賣人野球團、リーチ・オール・アメリカンスターチームが来朝した。此のチームはマネージャー・フィッシャーの率いるもので、メイジャーリーグ、コースト・リーグの選手を打って一丸とし、其の優秀なる技倆は日本好球兒を唖然たらしめた。商賣人野球團の來朝はこれを以て嚆矢とする。」(105頁)と書いている。

このアメリカ・プロチームとの対戦の全て(の戦績)は不明であるが、先の1)で触れたとおり、慶応とは4回対戦しており、慶応は全敗(0対3、2対6、0対6、2対15)であった。

また、大和『日本野球史 明治篇』は「大隈(重信)(略)は、早大が素人の艦隊チーム相手に三勝一敗だったので、早大は強かろうと期待していたところ、ケタ違いで、打てず、走れず、リーチ5—0早大、と負けたので大いに落胆したという。(略)リーチ球団の四番打者ハイトミューラーが、センターオーバーの大飛球を打ったら、木柵を越えて場外へ出た。これが戸塚の柵越えホームラン第一号であった。」(203頁)と述べている通り、リーチ球団は強力で、早大も4戦全敗(0対5、0対3、2対13、0対10)であった。

4)明治期末の海外遠征

明治38(1905)年の早大野球部の日本初アメリカ(西海岸)遠征に、最も刺激を受けたのはほかならぬ慶応であった。好敵手に先を越された無念さを抱きつつも、慶応は慶応で海外遠征の必要性を痛感していた。

そこで、慶応野球部はアメリカのベースボールを学ぶべく、先の1）で述べた通り、明治41（1908）年に初の海外（ハワイ）遠征を行うことになる。これ以降の早慶の海外遠征やアメリカチームの招聘を、大谷要三『近代スポーツの歴史』や『前掲慶應部史』『前掲早大部史』などから拾い上げてみると、次の通りであった。

・明治41（1908）年、慶応野球部ハワイ遠征。7勝7敗（6月―9月）

・明治42（1909）年、慶応野球部ウィスコンシン大学招聘。早大1勝2敗（慶応不明）

・明治43（1910）年、早大野球部二度目のハワイ遠征。13勝12敗無勝負1（6月―9月）

・明治43（1910）年、早大野球部シカゴ大学（アメリカ中西部最強大学チーム）招聘。早大0勝6敗、慶応0勝3敗、稲門会0勝1敗（10月―11月）

・明治44（1911）年、早大野球部二回目の渡米（中西部から東部地方巡回）17勝36敗、中止1（3月―8月）

・明治44（1911）年、慶応野球部渡米。29勝20敗1分、中止2（4月―8月）

この後、大正時代に入っても（早慶野球部の）海外遠征は続き、早大がマニラ遠征（大正4年1月12月）で1勝4敗、また渡米（大正5年3月―7月）して9勝19敗という成績を残している。

なお、これらの海外遠征の前になるが、「大正二（一九一三）年は、外国チームが次々に来日（略）まず、五月に全フィリピン野球団、同じく五月、慶応の招きでスタンフォード大学、九月に明治の招きでワシントン大学が来日した。さらに十二月にはアメリカ、メジャーリーグのニューヨーク・ジャイアンツ、シカゴ・ホワイトソックス混成の世界一周野球団が、遣ってきた。（略）この外国勢に対し慶応は全チームと、早稲田はフィリピン軍、ワシントン大学と試合をしている。」（横田『前掲書』243頁）ということである。

ところで、明治43（1910）年に創設された明治大学野球部は、大正元年に早稲田と戦い1勝8敗、慶応とは0勝3敗1分と振るわなかったが、大正3（1914）年に初渡米し、26勝28敗2分（6月―10月）の成績を残した。

こうした状況から、富永『前掲書』は「日本野球史をひもといた場合、このころほど日本野球が『向学の志』に燃えた時期はなかった。」（61―62頁）と述べている。

5　学生野球（三―六大学）リーグ結成

こうした状況のなかで、大正3（1914）年には早稲田、慶応、明治による日本初の「三大学野球リーグ（正式名は三大学野球連盟）」が結成（10月29日）された。ただし、ここで付け加えておかなければならないことは、早慶戦が中止であったので、早明戦や慶明戦は行うが、早慶戦は行わない、そして入場料を徴収するという変則リーグであった。

そしてこの後、新たに大正6年に法政、同11年に立教、同14年には東京帝大が加入して（現在の）「六大学野球リーグ戦」が始まった。この点に関して、橋木『前掲書』は「六大学連盟に中央大学が入らず、なぜ唯一の官学である東京帝大が私学のみであった連盟に加入したかの経緯については、（略）簡単にいえば、法学における学問・学派の対立が原因であった。」（19頁）と述べているので参考までに。ちなみに、その記念すべき「第一回六大学野球リーグ戦（早慶戦復活）」は、大正14（1925）年9―11月に行われ、早大が10勝1敗（早慶戦は早大2勝）で優勝している。

第6章　明治期（末）の野球への注目と話題

1　国内の学校野球部の状況

本項では、これまでほとんど述べていなかった京都の同志社や（第4章2「一高・三高対校戦」では述べているが）第三高等学校（三高）、第五高等学校（五高）の野球部について述べるとともに、中等学校（中学校・現高等学校）の明治期末の野球部の状況について述べることにしたい。

1）同志社・三高対校戦

同志社と三高が、京都においてベースボール会（部）を興したのが、ちょうど一高（一中）が、都下の覇権を握ろうとしていたころであった。

三高は明治21（1888）年に大阪（城近く）から京都に移転、その後、壬辰会《じんしんかい》にベースボール会を興した。一方「明治二十二（一八八九）年ごろ、三宅驥一《きいち》（兵庫）加藤備《そなう》（熊本）藤野修吉（広島）らによって同志社の野球は始ま」（『同志社大学野球部部史』6頁）ったそうであるが、「本格的なスタートを切るのは、明治二十四（一八九一）年十一月以降だ。白洲長平（兵庫）が東京の明治学院から転入学してき」（9頁）てからのことであった。

そして明治25（1892）年11月19日、三高は同志社に挑戦する。これが両校最初の対校戦であった。この試合は表8のとおり、24対22で同志社が勝った。この試合では、白洲（純平＝長平）が2回からピッチャーに代わり、カーブを投げて三高打線を手玉に取ったのであった。

この後、三高は同志社に挑んで大敗したのを無念に思い、復讐戦を申し込んだ。その2回戦は明治26年2月25日、吉田山（三高校庭）で行われたが、同志社の「白洲が、突如センターを守ったことこそその秘略であった。三高から奪ったアウトカウント二七のうち、白洲の処理したセンターフライが一八であった。彼の思惑が的中したのである。」（13頁）ということで、20対14で同志社が勝利（2連勝）したのであった。（著者傍線）

この試合、「（官學の）三高たるものが同志社に負けたとあつては男の顔がたゝないと云ふので、六百の應援隊は何れも白鉢巻、彌次は猛烈を極めた。」（横井『日本野球戦史』28頁）そうであるが、この三高の敗因は捕手富永がマスクを用いなかったので、ファウルチップを眼に受けたためだと言われている。

ところで、三高に2連勝した同志社であったが、翌明治27（1894）年になると、中

（表8）初の「同志社対三高」野球試合記録

第1回戦（明治25年11月19日）

第三高等中学校 姓	守備	Runs	Outs	同志社 姓	守備	Runs	Outs
山田	P，LF	3	3	藤野	C	1	5
日比	C，RF	1	5	白洲	2B，P	5	1
富永	SS，C，P	3	2	加藤	3B	3	3
清水	1B	3	2	清水	SS	3	3
石井	2B	2	4	井上	RF	3	2
大田黒	3B	6	0	黛	1B	4	2
西元	RF，C	1	5	高橋	P，2B	2	2
平林	LF，SS	1	3	中村	LF	0	6
正木	CF	2	3	村瀬	CF	3	0

	I	II	III	IV	V	VI	VII	VIII	IX	=	総計
第三高等中学校	5	2	1	9	1	1	1	0	2	=	22
同志社	2	7	5	2	2	5	0	1	…	=	24 +

（『同志社大学野球部部史 前編』より著者作成）

心選手がぞくぞくメンバーから姿を消し、後に続く選手も育っていかなかった。三高からは再三試合を申し込んできたが、同志社は断った。そこで、しばらく両校の試合は途絶えてしまった。またこのころ、同志社は一高から挑戦状を受けたが、それも断っている。ただ、第4章1―5）で触れた通り、明治学院と連合軍をつくり、明治29（1896）年2月8日と3月7日、一高に挑戦して1勝1敗としている。

ここで話を戻すと、先の同志社・三高1・2回戦で活躍した白洲純平は、白金（明治学院）の名捕手白洲文平の弟であり、本人も名捕手であった。純平は、明治19（1886）年東京の兄文平を追って明治学院に入ったが、その後同志社に転校して、先の通りの活躍を見せたのである。

明治26年に卒業した白洲純平は、神戸の森村組を経てアメリカのエール大学に留学する。そこで、明治29（1896）年に一高が横浜アメリカチーム（YC&AC）に3連勝した強さをエール大学側にPRした。それが功を奏して、エール大学から一高に、アメリカ遠征を促す招待状が届けられる。しかし、一高選手は狂喜したが、長期間の学業放棄が障害になり、最後は断念せざるを得なかったのである。

すでに述べたとおり、日本の野球部のアメリカ初遠征はこれから9年後、早稲田大学野球部によって成し遂げられることになる。

なお、三高は明治39（1906）年から、一高との対校戦を始めるが、その初戦は4対5で敗れる。また、その（上京の）際には早稲田や慶応とも対戦したが、それぞれ0対8、0対4で完封負けしてしまう。この敗戦（3連敗）を契機に、三高は（来春の復讐を目指して）、猛練習に取りかかるのであった。

2）同志社出身者の活躍

『同志社大学野球部部史』は、同志社出身者のその後の活躍について書いている。そこで、まずは「1回戦で二塁を守った加藤備《そなう》」（表8参照）であるが、加藤は同志社法学校へ進み、九州の中学校で教壇に立った後、京都府立第二中学校へ移る。野球部ができると同志社の経験を生かして部長になり、大正4（1915）年から始まった「全国中等学校野球大会（現全国高校野球選手権大会）」の歴史的な第1回大会の優勝を体験する。前後実に34年間も野球部のために尽くし、京都一中と常に競り合う実力校に育てあげた。加藤は昭和10（1935）年に退職をするが、その後、京都二中の野球部史を書き残した。

藤野藤吉（表8参照）は、明治27（1894）年7月に卒業し一高に入学する。そして、明治29年の日本初の国際試合（日米戦）では、キャッチャーで6番バッターとして出場している。翌明治30年6月3日の5回戦も、キャッチャーで3番バッターとして活躍している。この試合では、一高の2・3・4番の主軸を同志社出身トリオがよく打って、15対6で圧勝している。この同志社トリオは2番ショート塩野、3番キャッチャー藤野、4番ファースト松島であった。

藤野は東京大学を卒業後、アメリカに渡って2年間橋梁技術を学んで帰国し、日本鉄道会社（日本最初の私鉄、明治14年創立）に入るが、病魔に侵されて若くして亡くなった。また、松島は京都大学に進み、大学生活を送るかたわら母校同志社野球部の面倒をみた。

なお、「早大野球部初代部長でアメリカ遠征を実現させた」安部磯雄も、同志社普通学校出身者であった。〈註11〉参照）

3）五高（現熊本大学）野球部と嘉納治五郎、夏目漱石

正岡子規（常規）と東京大学予備門の同期入学（明治17年）であり、子規の「畏友」と言われた夏目漱石（金之助）は、明治26（１９０３）年7月、文科大学（東大）英文科を卒業して大学院に進むが、10月には東京高師の英語教師となった。そして明治28年、突如、東京高師を辞めて愛媛県立尋常中学校（松山中学）の英語教師となる。しかし、せっかく選んだ松山にも馴染めず、松山中学を1年で退職して熊本の第五高等中学校（五高）講師として就任する。翌明治29年7月には、教授に就任している。

そこで五高野球部であるが、飛田穂洲『野球人国記』は「東京、京都の後を追うて發聲したものは九州、熊本の第五高等中學（五高）であつたといはれている。五高の龍南會は明治二十三年に創始され、當時戸外運動の設備あり、その中に野球部の設があつたといふ。（略）野球部とは名のみであつたが、二十五年龍南會創立記念日の餘興として野球試合が行はれた。」（41頁）と述べている。

その当時の五高（野球部）について、横井春野『日本野球戦史』は「當時熊本五中（五高）の校長は嘉納治五郎氏であった。氏は龍南會を組織し、學生に運動精神を鼓吹した。明治二十四年から龍南會内へ野球部をおくことゝなり、紅白試合の時には、嘉納校長自ら袴のもゝ立ちとつて投手をつとめたことさへあつた。『三高軍同志社に敗らる』と云ふ報が傳

はるや、五高健兒は三高のカタキを打つべき京都遠征を企てたが、之は學校の当局のゆるす所とならなかつた。當時五高の教授であつた夏目漱石も、野球黨の一員であつた。」（29―30頁）（著者傍線）と述べている。

言うまでもなく、当時五高校長であった嘉納治五郎〈註18〉（1860―1938）とは、この後日本初のIOC委員となり、1912年のアムステルダム・オリンピックに日本（の2選手）を初参加させた人物である。

嘉納治五郎

ところで、右傍線部「夏目漱石も野球黨の一員であった」ということであるが、この意味がはっきりしない。ただ、国民新聞社運動部編『日本野球史』に「文豪夏目漱石が五中（第五高等中学校）の教授になったのは（略）明治二九年のことである。而して氏は五中時代に於いて体得したものは、このベースボールであった。氏はそのグループに投ずることはなかったが、その繊細な観察は後年ホトトギスに連載した有名な『吾輩は猫である』の中に書いている。」（106頁）（著者傍線）と述べられていることからすれば、漱石は（野球に興味はあったが）プレーすることはなかったということであろう。なお、嘉納治五郎は第2章1―2）で触れた通り、明治6・7年の東京開成学校在学中、ベースボールを体験している。

当時そしてその後の五高野球部について、飛田『前掲書』は「熊本の野球は急進し、二十六年には用具を整頓し、規則等も漸く明らかになり、（略）漸次南北九州にその趣味が普及されるに至つた。五高の野球部は、その後連綿として續き、（略）全國専門學校の大會において優勝したこともある。」（41頁）と述べている。またそのころ、「鹿児島造子館に好敵を求めて、まさに火花をちらす大接戦を演じ、時には血を見るようなこともあった。」（国民新聞社編『前掲書』107頁）そうであるが、明治39（１９０６）年には、五高対七高（現鹿児島大学）の対校戦が始められた。

2　中等学校（中学校・現高等学校）の状況

1）関東・東京・東海地区

大和球士『日本野球史　明治篇』は「明治二十年代の後半から三十年代にかけて、関東地方では、野球部があった中等学校は相当数あった。東京・・・郁文館中、独逸協会中、高師附属中、正則中、明治学院、青山学院、学習院、城北中。神奈川県・・・横浜商。栃木県・・・宇都宮中。茨城県・・・水戸中。キリスト教系の中学を除いては、すべての学校が静岡中と同じように一高選手のコーチを受けて育った。」（73頁）と述べている。

また大和『前掲書』によると、日本の中等学校の最初の試合は、明治29（1896）年の「水戸中対宇都宮中」であったとしている。さらに大和『前掲書』は「静岡中学を中心とする静岡地方の中学野球は歴史の古さで全国屈指の物であろう」と述べるとともに「一高の青井鉞雄、藤井国弘、守山恒太郎名投手らのコーチを受けた」（73―74頁）と述べている。このころから一高の選手が地方の中学校に出向き、野球の練習方法や戦術などを指導するようになったようである。

さらには、慶応野球部が明治34（1901）年4月から5月にかけて「第1回修技旅行」を行うが、このとき慶応は、浜松中に25対14、静岡中に14対1で勝っているが、愛知一中には6対11で敗れている。（表6参照）当時、愛知一中は相当な強豪校であったようで、清水『前掲書』によると、愛知一中は「慶応大学に11対6で勝って以来、一九〇九（明治四十二）年一一月四日の対岐阜師範学校戦までに一〇八戦して七八勝二二敗八分けの成績を残している。」（139頁）そうである。

ここで振り返ってみると、第5章2―2）で述べた早稲田大学野球部の躍進についてである。早大野球部の創部は明治35（1912）年10月であったが、そこから急激に実力を上げていくことになる。それは中学校から優秀な選手が多数入部し、充実した陣容が揃ったことによる。例えば、明治34年から明治36年の主な入部者の出身校は郁文館（3名）、水戸、青山学院（2名）、麻布、明治学院、盛岡中であった。またこのなかには、明治37年の早大全勝メンバーで、明治38年にアメリカ遠征をした「押川清、橋戸信（主将）、河野安通志、鈴木豊、森本重雄、小原益遠、獅子内謹一郎といった中心メンバーがいた。（写真16参照）
なお、明治43（1910）年には「第一回東京府下中等学校野球大会」（羽田）が、他地区よりいち早く行われ、決勝では慶応普通部が1対0で早稲田中学を倒して優勝している。

2）松山中学（愛媛）の活躍

正岡子規が、初めて松山にベースボールを伝えたのは、明治22（1889）年の夏であった。また、松山へのベースボールの伝播は、ほかのルートもあったようで、松山東高校野球史編集会議編『子規が伝えて120年』は「明治22年、内子小学校初代校長として横浜から遠山道成という方（旧北宇和郡吉田出身）が来られました。横浜で外人と野球をされており野球に詳しく、内子に校長として来られると体操の正課として野球を取り入れられました。（略）学校ではベースボール、ピッチャー、キャッチャー、セーフ、アウト・・・などすべて英語でやっていました。」（22―24頁）と書いている。さらにはやはりそのころ、松山中学のアメリカ人英語講師によっても伝えられたとも言われている。

こうして松山にベースボールが伝えられて間もなく、松山中学（以下、松山中・現松山東高）には明治25年に球技同好会が設置されたが、当時のベースボールは極めて幼稚なものであって、バットとボールの二種類があっただけだった。その後、明治31（1898）

（写真 19）松山中学対松山師範学校の試合（明治 33 年 11 月）
－松山中学グラウンド。審判は投手の後方におり、捕手はミットと面を着けている。バックの山上に松山城、グラウンドにはユーカリの木が植えられている。

年秋には（松山中）寄宿内内子《うちこ》尚武会がキャッチャー用マスクとミットを購入したのをきっかけに、各倶楽部は競ってこれらを購入し、それによってようやくダイレクトキャッチが採用されることになった。これで、試合中に二塁三塁でアウトになることが多くなり、攻守の駆け引きなども進んでいった。

　翌明治32年、松山中は球技部（野球・庭球・フットボールを合わせて、一部の下《もと》に置いたもの）を設置した後、5月には、松山師範学校と初の対外試合を行った。（写真19）しかし、降雨のためドロンゲーム（8対8の引き分け）となった。翌明治33（1900）年6月23日に、松山中は松山師範学校と再試合を行い、31対9で圧勝したのであった。

こうして、松山中はその勢いで明治34年8月10日には、高松中を19対15で破り、8月11日には広島中を10対8で、そして9月23日には西条中を25対13で破った。さらに明治35（1902）年1月12日には西条中を28対8、翌日には大分中を33対9で破り、3月には高松中を8対3で破った。しかし、連勝もここで途切れてしまい、8月20日の対広島中には3点差で敗れてしまった。

それでも11月には、京都第三高等学校（現京都大学）主催の「府県諸学校連合野球大会」に出場して、滋賀県の第一中を16対3で破り、岡崎中も3対1で破った。

このように、松山中は明治33年以降、当時の中学校には敵なしとなったが、松山中の野球が飛躍的に進歩したのには、実は「富田」という卒業生の存在があった。この「富田貫一氏は本校卒業後、第三高等学校に入り、そこで（略）選手になった人であるが、この富田氏が明治34年1月に帰省し（略）二個のベースメンミット（内野手のグラブ）を購入し、そのグラブと他の二つのキャッチャーミットを練習や試合で使うことによって捕球や投球を上達させるとともに、上手投の投球法や魔球（イン、アウト、ドロップ3種の変化球）を伝授したり、ゴロやフライの取り方、バッチィングの型及び練習法、盗塁の仕方等の一つ一つを指導した」（『子規が伝えて120年』22頁）のであった。（写真20）

松山中のこうした取り組みや活躍は、その後の「野球王国愛媛」を築き上げていく上で、大きな原動力となった。例えば「高校野球夏の甲子園大会」の成績は「松山商業5回、松山東高、西条高、新居浜商、済美高の5高が各1回ずつ（計9回）の優勝を誇っているし、愛媛県の勝利数は2013年現在で100勝を越えたそうである。またプロ野球で活躍した選手も数多く、「野球殿堂入り」を果たした人も（子規を含め）11名いるとのことである。（「の・ボールミュージアム」展示・資料2013）

3）関西学生連合野球大会の開催

関西地区中学校については資料（研

（写真20）広島中学と対戦した松山中学のメンバー（明治35年8月）
－用具が少し揃ってきた。バットの数6本。ユニフォームの胸に「MATSUYAMA」のマークはこの写真が初めてである。

究）不足もあって、明治30年代の状況を把握することができていない。しかし、先の1）・2）で述べてきた中等学校野球部の状況からすると、明治40年代には、関西地区においてもかなりの数の中等学校（中学）野球部が存在していたことが推測される。

そこで、それを裏付けるものとして、大正2（1913）年8月1日―5日に（豊中市で）開催された「第一回関西学生聯（連）合野球大会」（美津濃・現ミズノ主催）の参加チームを見てみた。資料は『水野利八物語』「優勝旗物語」（6―56頁）である。

これによると、この第1回大会には中学校野球部・倶楽部43チームが参加していた。参加チームは関西（近畿）の各府県からであるが、この第1回大会に限り、試合は対校戦形式（第2回大会以降はトーナメント形式）で行われていた。

この大会が開催された背景と意義について、『前掲書』「優勝旗物語」には次の通り書かれている。

『野球害毒論』〈註19〉が東京朝日新聞に掲載されたのが明治四十四年秋のこと。東京の大学野球を対象にして、野球にうつつをぬかすのは堕落のもとであるという論旨のものであっただけに、中学生の父兄の中に〝野球をするのなら勘当だ〟という人も出た。関西の各中学校から早大、慶大、明大などに進学する生徒も多く、この害毒論の影響も大きかったわけである。そんな世相に真っ向から挑戦したのが、この大会だった。

翌四十五年には早くも企画が成立。（略）七月末の明治天皇崩御にともなう鳴物停止で一切の行事は取り止めとなった。しかしこの企画はしおれていた野球人にすさまじいまでの反響を呼んだ。大正元年は八月一日から五カ月で終り翌大正二年、改めて開催された。（6―7頁）

この大会は大正13年（第12回）まで行われたが、大正4（1915）年から始まった「全国中等学校優勝野球大会」に吸収される形で終了する。しかし、右引用文のとおり、この「関西学生連合野球大会」が、関西の中学校野球部・倶楽部の普及・発展に大きく貢献しただけでなく、全国（中等学校野球）大会に向けても大きな役割を果したしたのである。

4）全国中等学校優勝野球大会の開催

清水諭『甲子園野球のアルケオロジー』は「一九一〇（明治四三）年代に入ると、各地方ごとに中等学校野球界は少しずつ連絡を取り始め、連合野球大会が催される地域もあった。しかし、制度的な野球規則はまだ制定されておらず、依然として組織化された動きはみられなかった。」（194頁）と述べている。

しかし、大正4年になって、全国大会開催に向けての動きが急速に進む。その発案者は高山義三（五高野球部出身で当時京大生、後に京都市長）と小西作太郎（三高野球部出身で当時京大生、後に朝日新聞社印刷局長・取締役）とされているが、ただ、彼らの思いは京都二中、京都一中、同志社などによる「京都リーグ戦」を開催したいということであった。「この話に朝日新聞社の運動部記者である田村省三が加わり、京都よりは近畿、近畿よりは関西、関西よりは全国へと」（清水『前掲書』197頁）話が進んでいったのである。

こうして五高ＯＢの高山、三高ＯＢの小西の思いに端を発した話は、朝日新聞社がかかわることで一気に膨らみ、現実化されていった。

清水『前掲書』によると、この朝日新聞社に大会開催の決断をさせた人物の一人に（「野球と其害毒」を具体的に画策した）美土路昌がいた。その彼が、野球害毒論キャンペーンによって朝日新聞の購買数が急減したことへの善後策検討会議の中で、「これには全国網の張れる広範囲な策を考えねばなりません。あやまちを改むるにははばかるなかれで、全国中学によびかけて、優勝試合をおこなわしたら、どうでしょう。」（199頁）と提案したそうなのである。

そしてこの発言が、朝日新聞社の購買数増大の思惑と一致したことから、全国中等学校野球大会を開催させることにつながったのであった。

いよいよ大正４（１９１５）年、朝日新聞社主催「第一回全国中等学校優勝野球大会」が開催されることになったが、その会場は箕面有馬電気軌道（現阪急電鉄）が、ちょうど大正4年7月初めに完成させていた「豊中グラウンド」に決まった。清水諭『前掲書』は「野球有害論を唱えていた朝日（新聞社）が学生野球の精神を尊重し、その精神に沿って弊害を生じない学生野球界をつくっていくように援助と監視、指導をしようという、いうなれば大義名分を唱えたのである。」（212—213頁）と述べている。ちなみにこの第1回大会では、先の1—2）で述べた通り、同志社野球部出身の加藤備率いる京都二中が優勝している。

なお、この「全国中等学校優勝野球大会」は、昭和23（1948）年から始まる（現在の）「全国高校野球選手権（夏の甲子園）大会」へと引き継がれるが、この大会は平成30（2018）年、通算100回目を迎えて盛り上がった。

3　初のオリンピック代表「三島弥彦《やひこ》」と野球

第5章1—3）で述べた明治39年の早慶1・2回戦について、『前掲早大部史』を改めて見直したところ、審判の一人に「三島彌彦」という名前があった。早慶戦では明治38年から「二人審判制」が採用されていたが、明治39年の1回戦では「三島彌彦、中野武二」が、2回戦では「中野、三島」が審判を務めていた。

すでに、陸上競技関係者であればお気付きのことと思うが、実はこの試合で審判を務めた三島彌（弥）彦とは、１９１２（明治45）年、日本が初参加した第5回ストックホルム・オリンピック日本代表選手（短距離）で、東京帝大（東大）学生のことである。三島はこのオリンピックに、マラソンの金栗四三《しそう》（東京高等師範・現筑波大）と共に出場し、開会式では日本選手団の旗手を務めた。

1）経歴

三島弥彦について、『日本人名事典』（三省堂）には「１８８６（明治19）－１９５４（昭和29）年。学習院中等部在学中から、野球・水泳・相撲などにすぐれ、１９１１（明治44）年、大日本体育協会主催のオリンピック陸上予選に出場、１００・４００・８００ｍに優勝した。」（188頁）とある。ちなみに、この三島のタイムは１００ｍ12秒、４００ｍ59秒6、８００ｍ2分19秒2であった。この予選会の結果、三島はマラソンの金栗四三と共に日本初のオリンピック代表に選ばれたのである。〈註20〉

三島の第5回ストックホルム・オリンピックの成績は、１００ｍ、２００ｍでは予選落ち、４００ｍではスウェーデンのゼリングと二人で走り、約1ｍ差で2着に入り、準決勝に進出した。（写真21―1）しかし右足の痛みが激しく、疲労も重なっていたため、とてもまともなレースができそうになかったので棄権した。

なお参考までに、このオリンピック１００ｍで優勝したのは、アメリカのクレイクで10

秒8、400mで優勝したのは、やはりアメリカのリードパスで48秒2であり、三島との差はとても大きいものであった。

次に三島弥彦の経歴であるが、三島は明治19（1886）年2月23日、現在の千代田区に生まれている。父は警視総監の三島通庸《みちつね》、兄は銀行家（元日銀総裁）の彌太郎。（三島）弥彦は、明治40（1907）年、学習院から東京帝大法学部に進学。大正2（1914）年、帝大卒業後は横浜正金銀行に勤務してスポーツ界からは引退している。この後、ロンドン、サンフランシスコ支店に務めて帰国した後、本店副支配人を勤め、昭和18（1943）年に退職する。そして、昭和29（1954）年2月1日に69歳で死去している。幼少期からスポーツ万能で、野球、陸上、柔道なんでもござれだった。野球は学習院時代、一高や早大との対戦では投手として活躍した。

さらに三島家について補足しておくと、三島家は薩摩出身で子爵の家柄、父は西郷隆盛に見出され、

（写真21－1）400m予選2位の三島弥彦
—準決勝は棄権した。

明治政府で大久保利通に取り立てられた高級官僚であったが、弥彦が二歳のときに没している。

2）学習院野球部での活躍

三島弥彦が、学習院（中学・高等中学）時代に野球部員として活躍したことは、これまであまり話題にされることはなかったのではなかろうか。

そこで、三島弥彦の学習院時代の野球選手としての活躍ぶりを知るために、『学習院野球部百年史』、『早稲田大学野球部百年史　上巻』や大和『野球五十年』などの諸文献に当たってみたところ、三島の学習院での野球選手や審判としての活躍ぶりが次の通り明らかとなった。

明治35（1902）年11月11日の早大対学習院（早学）戦では、学習院が14対2で早大に勝っている。この試合について、『前掲学習院部史』は「早大は橋戸、押川、泉谷の名手を多く揃えていたが、本院は投手田中仁之助がよく抑えて、三回と六回に各一点を与えたのみで、猛攻十四点を算えて大勝した。」（60頁）と書いているが、この試合、三島はCF（センター）を守り8番バッターで出場している。また、三島は他の試合ではLF（レフト）を守っており、学内の選手評（『輔仁会雑誌』58号）には、「（略）左翼手三島、新顔中最も熱心、送球捕球共に精彩がある。」（61頁）と評価されている。
ところでこの年、三島は当時の運動会（陸上競技会）で人気があった東大ならびに農大の招待（短距離）レースに出場し注目されていた。[註21]よって、当時の三島は俊足の外野手として活躍したのも当然のことであろう。そして、明治37年7月2日の対早大戦では、延長12回の末2対3で惜しくも敗れたが、三島は早大エースの河野投手と対等に投げ合った。この試合、三島が外野手からピッチャーに転向した初戦であった。[註22]
このころのチームや三島の活躍について、『前掲学習院部史』は「学習院高等部は、チーム力の安定を欠いて来たが、三十五年より上昇気流に乗ることができた。（略）三十七年名手三島弥彦投手が登板するに及び飛躍を遂げ、早慶、一高と共に東都の四強と称せされ、明治期高等学科の最盛期を迎えるに至り、栄えある野球部伝統の礎を固めたのであった。」（58頁）と書いている。（写真21―2）

この翌（明治39）年には、早稲田対学習院（早学）対校3回戦が行われるが、三島は3回戦ともピッチャーを務めている。そして、四谷学習院グラウンドで行われた1回戦では、4番バッターとして見事4対3（延長10回）で勝っている。（表9）しかし、2・3回戦では1対3、3対15で敗れたものの5番と3番バッターで活躍している。なおこの時期、三島とバッテリーを組んでいたのは（西郷隆盛の弟）従道の令息豊二であった。

（写真 21- 2）明治 37・38（1904・1905）年頃の学習院野球部メンバー
－背広姿の服部他助先生のすぐ下で、左手のグローブを前の選手の肩にかけているのが三島弥彦（投手・主将）。

また、明治39年には、三島は学習院野球部主将として、早慶１・２回戦の審判を中野武二（一高卒）と共に務めたことについては、すでに述べた通りである。

写真21－3は、学習院の投手として活躍した三島弥彦のピッチング・フォームである。三島の身長は１７０cm（当時の平均身長は１５５cm）、当時まだ珍しいワインド・アップ投法を見せている。この投法は明治38（１９０５）年、早大がアメリカ遠征で習得した技術の一つであり、河野安通史投手を手本にしたものと思われる。

以上、学習院時代の野球選手三

島弥彦の活躍ぶりを紹介したが、三島は東大法学部に進学してからは、野球審判としてその名を残している。例えば『前掲早大部史』には、明治43（1910）年10月4日のシカゴ大学対早大の初戦（9対4でシカゴ大勝利）と10月8日の2回戦（5対0でシカゴ大勝利）で、三島が（西尾と）審判を務めたことが記録されている（118頁）。また同年12月4日、明大対慶応の初めての対戦（5対3で慶応勝利）でも、三島は審判を務めている。

当初、三島の審判としての評判はあまり芳しいものではなかった。しかしその後、当時の重要試合の審判を務めていることからすると、明治43年ころにはかなり高い評価を得ていたものと思われる〈註23〉。

ところで、三島（東大）が陸上・短距離

（表9）明治39年10月4日「早学第1回戦」のオーダーと得点

〈『早稲田大学野球部百年史』98頁より著者作成〉

學習院	早大
8 山澤	2 山崎
7 坪井	6 田部
5 大原	5 獅子内
1 三島	1 河野
6 大原	8 石崎
3 鶴殿	3 森本
2 勝	4 長屋
4 柳生	7 西尾
9 高橋	9 小林

回	學	早
1	1	1
2	0	0
3	0	1
4	0	0
5	0	0
6	0	1
7	0	0
8	0	0
9	2	0
10	1	0
計	4	3

（写真21‐3）三島弥彦投手のワインド・アップ

選手として、ストックホルム・オリンピックに出場したのは1912（明治45）年であるので、三島はその2年前までは野球選手であり、また審判員であった。よって、三島が進学した「東京帝国大学（東大）の野球部の設立は、大正8（1119）年」（ベースボール・マガジン社編『東京大学野球部』8頁）とされており、三島の在学中は東大野球部は存在していなかった。そこで当時の三島は、明治42（1909）年ころに設立されたスポーツを楽しむ社交団体である「天狗倶楽部」に所属していたのである。次項4では、この天狗倶楽部について述べることにしたい。

4　天狗倶楽部の登場

1）創設と会員

三島弥彦は、東京帝大に進学後、明治42（1909）年ころに創設されたとされる「天狗倶楽部」の会員となり、野球（部）のエースとして、また大学の野球審判として活動したようであるが、天狗倶楽部の野球の戦績や三島の投手や打者としての活躍についての詳細は不明である。

この天狗倶楽部は、押川春浪《しゅんろう》と中沢臨川《りんせん》によって、早稲田大学野球部ＯＢを中心とするさまざまなスポーツの実践家やその応援団の社交団体として創設された。明治末から大正初期にかけてがこの倶楽部の最盛期であり、大正４（１９１６）年ころには、１００名くらいの会員が所属していたが、活動内容は野球を中心に相撲、テニス、柔道、陸上競技、ボート競技など多岐にわたっていた。

会員には三島弥彦のほか、早慶戦で応援を指揮した〝野次将軍〟こと吉岡信敬《しんけい》（早大初代応援団長、後に讀賣新聞社）もいた。また押川清と河野安通志、飛田穂洲などの早大野球部関係者が多かったが、弓館小鰐や鷲沢与四二といった新聞記者も多くいた。

この倶楽部は、押川春浪が38歳で病死してから活動がやや弱まり、さらに中沢臨川や柳川春菜といった主要メンバーの死が続いたことから、昭和初期に自然消滅したようである。

2）押川春浪と中沢臨川

押川春浪（本名は方存《まさあり》、１８７６―１９２５）は「早大野球部創設時期に活躍した押川清の兄であり、（略）早慶戦の中止や野球害毒論をめぐってこの国の野球に関する『物語』を形成すべく活躍した人物である。」が、「彼は、明治学院で二年連続して落第したため、武士的志をもった日本で有数のクリスチャンである父、方義《まさよし》が創設した東北学院に転入させられた。そこでも野球部を創設した」（清水『前掲書』120頁）そうであり、学生時代は大変な野球狂であった。

押川は、明治9（1876）年に松山市で生まれる。上京してからは明治学院―東北学院―札幌農学校―函館水産講習所を転々とした後、東京専門学校（現早稲田大学）に入学する。在学中『海底軍艦』を発表し、明治37（1904）年、当時の大手出版社「博文館」に入社したが、明治45年には独立して『武侠世界』を創刊した。

その後、押川は「武侠小説家や冒険小説家として活躍していたが、野球を主としたスポーツに多大なる関心を寄せ、『冒険世界』や『武侠世界』といった雑誌に多くのスポーツ記事を掲載していた。（略）野球擁護派の立場で東京朝日新聞社や新渡戸稲造と厳しく対立した。」〈註24〉（清水『前掲書』179頁）そんななか、押川は1910（明治43）年に武侠世界社主催で東京府下中学野球大会を開催した。〈註25〉

東京朝日新聞に「野球とその害毒」なる記事（＜註19＞参照）が、明治44（1911）年に連載（8―9月）されるが、このアンチ野球バッシングに対し、天狗倶楽部は押川春浪を中心として激しく反論した。大正元（1912）年、新渡戸稲造への反論記事が激烈過ぎるとして謝罪を余儀なくされた押川は、この「野球害毒論」で疲弊してしまい、失意のまま酒に溺れて命を縮め、大正14年49歳の若さで亡くなった。

中沢臨川（１８７８―１９２０）は東京帝大工科大学（現東京大学工学部）を卒業し、大師電気鉄道（現京浜急行電鉄株式会社）に入り電気課長となる。押川春浪とともに早稲田大学野球部ＯＢを中心として文士やバンカラ崇拝主義者たちによってスポーツ社交団体「天狗倶楽部」を創設した人物である。

出身は長野県で、実家は養命酒を製造する庄屋であった。彼は明治32（１８９９）年に結婚（養子）して塩沢から中沢となる。押川春浪は友人で、天狗倶楽部ではナンバー2の立場であった。

大学卒業後は、鉄道会社で働きながら執筆活動を続け、『中央公論』の文芸時評欄を、大正3年から5年の間担当している。また、電気鉄道会社課長のとき「学校以外の場所でも運動ができる場所があれば良い」との（押川か誰かの）発言に応え、上司に掛け合って羽田の1万坪を提供してもらうことに成功し、羽田運動場の開設を実現させている。この運動場の創設によって、多くの人たちが野球やテニスなどの運動（スポーツ）を楽しむことができるようになったし、明治44（１９１１）年には、オリンピック予選会で使用されるなど、日本のオリンピックの出発点にもなった。

その後の中川臨川は長野に帰り、会社を経営したが失敗。そんななかで酒量も増え、大正９年に咽頭結核を患い42歳で亡くなった。

5　日本運動倶楽部の設立

天狗倶楽部の存在について、清水『前掲書』は「スポーツ界の中で当時としては画期的な計画を次々に打ちだした。まず、早慶戦の復活の前提として、これに準ずる大試合を行って野球熱を高めようとした。それは東京倶楽部対慶応大学の試合となって現われ、一九〇九（明治四二）年四月二五日、満都の人気を羽田に吸収するに至った。天狗倶楽部を中心とした早稲田、慶応の野球部OBたちが東京倶楽部を組織し、この対慶応戦は、往年の早稲田の選手をずらりと揃えていて、早慶戦を思わせるようなゲームだったのである。この意味で天狗倶楽部は、大衆が熱狂するスポーツ・イベントを東京を中心として企画した嚆矢《こうし》といえよう。」（179―180頁）と述べている。

この東京倶楽部対慶応戦の前年4月4日、羽田運動場（京浜電鉄経営）が開場していた。これについては、先の中川臨川のところで触れたが、さらに横田順彌『早慶戦の謎』は、次の通り述べている。

押川春浪と（略）中川臨川（本名・重雄）の尽力で現在の羽田空港のある場所に、公開グラウンドと称する無料の貸しグラウンドが設立される。（略）このグラウンド設立と同時に、春浪たちは、グラウンド管理と各種スポーツの復興を目的とした日本で最初の組織的なスポーツ団体を設立した。それが日本運動倶楽部だった。（略）会長に後の

東京市長、尾崎行雄（略）を迎え、名誉会員に数百人の朝野の名士を揃えた組織だった。（239頁）

さらに横田『前掲書』によると、この日本運動倶楽部が最初に行ったイベントが「明治四十二年四月に行った、早稲田、慶応、学習院、一高ＯＢの混合チーム・東京倶楽部対神戸出身者によって組織される神戸倶楽部の試合だった。この試合は羽田グラウンドの竣工記念試合として行われ、世間の耳目を集めた。」（239―240頁）そうで、この後「東京倶楽部は早稲田ＯＢの稲門倶楽部、慶応ＯＢの三田倶楽部に再編成され、明治四十四年の十月～十一月に、白瀬中尉の南極探検募金ゲームとして、最初の試合を戸塚グラウンドで挙行している。この三田―稲門戦は準早慶戦として、世間の野球ファンに大いにアッピールした」（240頁）そうである。

ところで当時、早慶戦が中止されていたことから、押川春浪や中沢臨川らは策を練り、この三田―稲門戦をきっかけに、なし崩し的に早慶戦の復活を狙ったのであったが、残念ながら成功しなかった。

この日本運動倶楽部は、野球以外にも多くのスポーツに貢献した。なかでも明治44（１９１１）年11月、第５回オリンピック・ストックホルム大会の予選会を羽田運動場で行ったことについてはすでに述べたが、実はこの予選会の主催は、正式には明治44年7月に嘉納治五郎、安部磯雄らが中心となって結成した大日本体育協会であった。よって、日本運動倶楽部がこのオリンピック予選会の開催にどのように関係したかが不明でありよく分かっていない。

いずれにしても、明治末から大正にかけて、これまでは一高、早慶といった学校を中心としてきた野球界とは違って、(天狗倶楽部や日本運動倶楽部といった) 民間の社交団体や倶楽部を基盤とした (野球やスポーツの) 行われ方が生まれてきたことは注目すべきことである。

参考までに、この後、日本初のプロチームとなる「合資会社日本運動協会」が、大正9(1920)年秋、早大野球部時代のメンバーであった河野安通志、押川清、橋戸信が中心となって設立された。これは「学生野球が独創せず、人気を二分するチームができてこそ、初めて正常に発達する」(小関順二『野球を歩く』129頁) という河野らの考えに基づくものであった。しかしプロ野球は、このころ賤業と見なされ、ゲーム中には「商売、商売」と野次られ、上手くいかなかった。そんなことで、今のプロ野球がスタートするのは昭和9(1934)年以降のことで、本格的にはセリーグ、パリーグが結成されて始まる昭和25(1950)年以降であるということになる。

6　野球殿堂入りした明治期の野球人

本書に登場した人物のうち16名が、日本野球の普及・発展に貢献したことが認められ「野球殿堂入り（特別表彰）」している。その人物（名）を、左記の通り紹介しておきたい。なお、（西暦年）は受賞年である。

（1959年）・平岡　熙《ひろし》　・青井鉞男　・安部磯雄　・橋戸信　・押川清
（1960年）・飛田忠順（穂洲）　・河野安通史　・桜井弥一郎
（1966年）・守山恒太郎
（1970年）・中馬庚
（1972年）・中野武二
（1979年）・平沼亮三
（1983年）・内村祐之《ゆうし》
（2002年）・正岡子規
（2003年）・ウィルソン
（2009年）・君島一郎

以上、16名の学校別内訳は、一高（東大）関係8名、早稲田関係5名、慶応関係2名、その他1名であった。今の日本野球の源流となった「明治野球」の普及・発展においては、こうした人たちの働きがあったことを、ここで改めて知っておきたい。

＜註釈＞

＜註1＞「日本野球の祖」とも言えるウィルソンであるが、彼は明治4（1871）年、お雇い外国人教師の一人として、28歳のときにマリー夫人と3歳の息子ハリーとの3人で来日し、明治政府の洋学校である東京第一番中学で英語を教えた。そして翌年、授業のかたわら持参したバットとボールで生徒にベースボールを教えた。ウィルソンは1843年2月10日生まれ、20歳のときに「南北戦争」に参加した。その後、サンフランシスコ領事館員となり、そのルートから来日が決まった。日本には6年間いたが、明治10（1877）年に帰国した。帰国後は、サンフランシスコに住み、日本協会事務長などを歴任し、1927年3月4日、87歳で亡くなっている。（島田明『明治維新と日米野球史』51―60頁、116―126頁）

＜註2＞木戸孝正がアメリカからボールとバットを持って帰国したのは、明治7（1874）年である。孝正は木戸孝允（桂小五郎）の養子。旧姓は来原《くるはら》で父良蔵の長男、旧名は来原彦太郎。妻の治子は木戸孝允の妹。孝正は日本最初のベースボール倶楽部である「新橋アスレチック倶楽部」の創設にも関係した。また明治・大正時期の東宮侍従長を務め、侯爵であった。（庄野編著『六大学野球全集』6頁）

＜註3＞ウィリアム・ストレンジ（1853―1889）は「第一高等学校が東京英語学校と呼ばれていた1875年4月に来日し、英語教師に着任した。（略）ストレンジは、学生にスポーツを奨励したが、理解されるのに長い時間がかかった。学内の陸上競技会（運動会）や競漕会を開催したが、後に横浜の外国人スポーツクラブを対戦相手にボート、陸上競技、野球の対抗戦を度々行ない技を磨かせた。ストレンジは近代スポーツを導入して普及に努めた功績により日本近代スポーツの父と呼ばれている。」(柳下芳史『近代スポーツ事始め』42頁)ストレンジが日本に伝えたものは、スポーツマン・シップとフェアプレー(正々堂々と技を競う)の精神であった。

ストレンジはイギリスのイートン校―オックスフォード大学の出身者と言われていることが多いが、「最近のストレンジ研究者によると、スポーツが盛んであったターネット・カレッジエート・スクールに(略)1870年夏頃まで在学した。」(柳下『前掲書』43頁)ということである。滞日14年、36歳の若さで突然死したストレンジの墓が青山霊園にあることを、1961年春に川本信正が発見した。

<註4> 子規の本名は「常規」。正岡が「子規」と号するようになったのは、明治22(1889)年5月9日夜の(二度目の)喀血後からであり、「子規」とは「ほととぎす」のことである。「『ほととぎす』は『啼いて血を吐く』といわれるように、激しく啼く様子から肺病の象徴となっている。」(土井中照『子規の生涯』70頁)

<註5> 正岡子規『松蘿玉液』について、加賀乙彦は「子規が日夜愛用した中国産の墨の銘をとって名づけられた本書は、『墨汁一滴』『病牀六尺』『仰臥漫録』とならぶ子規晩年の四大随筆の一つ。病床にあって強く濃く生きた人の記録であり、野球が大好きだった子規が書きとめたベースボール紹介の貴重な一文を含む。新聞『日本』明治29・4・21―12・31連載」(正岡『松蘿玉液』表紙)

と述べるとともに、「時代を思わせるものにベースボールの克明な紹介文がある。明治二十九年には、まだまだごく一部の人たちしか知られていず、新聞にこういう文章が載ったという事実が感慨をもようさせる。」（113頁）と述べている。

＜註6＞アメリカでは1883・1884（明治16・17）年、投手のサイドスローとオーバースローが可能となった。その後、日本では明治23（1890）年ころから、この投法が採用されたものと思われる。この点、『慶應義塾野球部史』には「野球は明治二十三年に至って一大進歩をとげ（略）上手投や横手投を許された投手の投球も大いに進歩した」（2頁）と書かれている。また、飛田穂洲『野球人国記』は「実際に試合でカーブを投げて打者を苦しめたのは一高の福島金馬投手であった」（18頁）と述べている。福島投手が試合で初めてカーブを投げたのは、明治23年11月8日（対明治学院戦）であった。

アメリカにおける「4球出塁（フォアボール）」制は、1889（明治22）年に採用された。その2年後には日本にも伝えられたが、日本ではなかなかその採用には至らなかったようである。この点、明治28年に発行された一高の『校友會雑誌號外（一高野球部史）』「附野球規則」第十一条（ロ）には「我部ハ五回（球）ト定ム five ball にて不便ナレバ七或は九回（球）トスルモ可ナリ」（58頁）と書かれている。ただ、明治29年5月23日の初の国際試合（日米戦）は「4球制」で行われている。

＜註7＞森まゆみ『子規の音』を出版した新潮社（編集部）に、インブリー事件の「ナイフ説」について問い合わせたが、これまで著者や編集部からの返答はない。

＜註8＞君島一郎『野球創世記』は「青井は一高野球部第三代の投手である。（略）青井のときには技力更に進んでもはや国内には全く相手になるものがなくなった。」（85―86頁）と述べている。また「青井は8種類の魔球（カーブ）を投げた」（中馬庚『野球』76―85頁）そうであり、明治29年の初の国際試合（日米戦）では投手として初勝利した。なお、君島は「青井の名は鉞男《えつお》ではなく鉞男《じゅつお》であったということが後にわかった。」（98頁）と述べている。

＜註9＞創設者の福澤諭吉は1860年代、欧米を視察して「近代学校教育において体育の重要性を最も早く認め、これを日本に紹介し、定着させた。」（柳下『前掲書』45頁）福澤諭吉のこの思想は、教育の一環として大学スポーツを位置づけ、その牽引役を果たすべく、1892年に慶應義塾体育会（当初7団体）を発足させたのであった。なお、慶応はその後の1920（大正9）年、大学令により早稲田大学とともに最初の私立大学に昇格して、慶應義塾大学（文学部、経済学部、法学部、医学部）と改称した。

＜註10＞「大隈は、明治政界の大立役者、明治十五年三月、立憲改進党総理となり、同年十月、東京専門学校を創立し、同二十二年外務大臣のとき爆弾を投げつけられて右脚を失い、同十一年には憲政党内閣の首班になり、大正三年再び首相に就任している。」（大和球士『日本野球史　明治篇』126頁）

＜註11＞安部磯雄（1865―1949）は福岡県出身で同志社卒。初代早稲田野球部長で経済学者

であり、クリスチャン。安部は早大野球部のみならず、日本（学生）野球の発展に尽力したことから「日本野球の父」とも「学生野球の父」とも称された。

＜註12＞早稲田から慶応への手紙（挑戦状）は、「達筆の墨書きで、早稲田主将・橋戸の筆に成るもの。（略）文面はこうだった。＜拝啓仕候　陳者貴部益々御隆盛之段斯道の為め奉賀候　幣部依然として不振　従ふて選手皆幼稚を免れず候に就いては近日の中御教示にあづかり以て大いに学ぶ所あらば素志此上も無く候　貴部の御都合は如何に候ふべき哉　勝手ながら大至急御返翰被下度御承知の上は委員を指向けグラウンド　審判官のことなど万々打合はせ仕るべく此段得貴意候也＞」（横田順彌『早慶の謎』8頁）というものであった。

＜註13＞写真15が「明治38年の早慶第一戦」のもの（横田『前掲書』）とされているが、写真人物とメンバー表（大和『野球五十年』93頁）とを照合した結果、写真15は（明治38年のものではなく）明治36年11月21日の初の早慶戦の写真であることが判明した。

＜註14＞早大野球部は、明治「卅七年より卅八、九年の渡米前後にかけて、前シカゴ大學投手メリフィールドのコーチをうけ、大に獲るところがあつた。若し渡米前此のコーチに接せなかつたならば渡米中より以上の滑稽を演じた事であろう。」（『前掲早大部史』86頁）と書いている。このコーチを依頼したのは安部磯雄部長であった。

＜註15＞安部が渡米費用支出を早大当局に申し出た際、当局どの部とも答えは「ノー」であった。「万策尽きた安部が最後に思いついたのは（略）大隈重信」であった。そこで、安部は「早大校舎に隣接する大隈侯爵別邸を訪れ」た。大隈は「反対するどころか、激励をし、（略）渡米全費用五千五百円も大隈が調達してくれた。」（大和『前掲書』126頁）そうである。

＜註16＞早大は「三十九年、四十年頃は試合の前日、練習を休み、試合當日は午前中打撃の練習をなし、試合前には唯、僅かに守備の練習をなしたのみであった。三十七、八年の早慶戦なども此の方法に拠つた。」（『前掲早大部史』102頁）

＜註17＞秋山真之は「海軍兵学校では卒業前の三年間、首席を通し、欧米留学後、日本連合艦隊参謀に抜擢され、明治38（１９０５）年5月、日本海戦（日露戦争）でロシアのバルチック艦隊を撃破した」際、「本日天気晴朗なれど波高し」という、今日でもしばしば引用される名文の電文を送った人物である。（『松山中学・松山東高校同窓会誌別冊』６頁）

＜註18＞嘉納治五郎（１８６０—１９３８）は「教育者・柔道家。兵庫県生まれ。東大卒。一八八二（明治十五）年、講道館を創設。柔術を改良して柔道の普及に努めた。東京師範学校（後の東京教育大学・現筑波大学）校長。大日本体育協会を一九一一年七月に創設（初代会長）。」（『スーパー大辞林』）

＜註19＞明治44（１９１１）年、東京朝日新聞に「野球とその害毒」なる記事が連載された（8月29日—9月19日）。「その先鋒となったのは（当時一高校長の）新渡戸《にとべ》稲造《いなぞう》」（大谷『近代スポーツの歴史』46頁）であった。新渡戸の「野球を有害」とする記事（8月29日）は「私も野球史以前には自分で球を縫ったり打棒を作つたりして野球をやった事もあつた。野球という云う遊戯は悪く云えば▲巾着切りの遊戯　對手をペテンに掛けよう、計略に陥れよう、塁を盗もうなどと眼を四方八面に配り、神經を鋭くしてやる遊びである。（略）▲野球選手の不作法　日本の運動家の品性下劣（略）▲沢山の父母の懇請・・・野球選手を止める様に忠告してください・・・と頼まれた云々。」（清水『前掲書』184―185頁）さらに「野球は強き球を受けるから、その振動が腕より脳天に達して作用を鈍らせる。」とか「野球は学生、生徒をして牛肉屋、西洋料理店に接近せしめ、また右手のみ使用し、完全なる発育を妨げる」（大谷『前掲書』46頁）と、新渡戸は（野球を）酷評した。これに対し、「安部磯雄、押川春浪、河野安通志、大隈重信、永井道明、横山権堂らが野球の健全制、身体発達に対する必要性を説い」（清水『前掲書』186頁）た。そのなかで「安部磯雄は、スポーツ、とくに野球を通してクリスチャンの思想を生涯にわたって実践しようとしており、その立場から野球の擁護を唱えた。」（188頁）のであった。

東京朝日新聞社は9月19日、全国中等学校および学校長が「野球の弊害の方が大きい」としたことを踏まえ、「野球は品行学業の点で不良な者をつくっており、『健全なる身體は健全なる頭脳を造ると云う運動の本旨と相反した結果を現はして居る』」（187頁）として、22回にわたる『野球と其害毒』を突如最終回とした。

＜註20＞三島弥彦は「1911年（明治44年）、（略）第5回オリンピック代表を決める『予選会』が羽田運動場で挙行されることになり、審判員として来場するよう要請があったが、（略）本人が語るところによれば『生来の好戦癖はムクムクと起って、到底ジッとして傍観してはいられぬ久しく練習も絶えていたけれども、兎にも角にも交はって走って見やう』という考えで飛び入り参加したそうである。（略）予選会では、立ち高跳び優勝の後藤欣一、立ち幅跳び優勝の泉谷祐勝、走幅跳び優勝の霜田守三などの選手もいたが、（略）予算の都合などもあり、金栗四三と三島弥彦の二人が選ばれる。」（『ネット辞書百科事典』）ことになった。

＜註21＞三島弥彦（学習院）は「三十七年の招待レースでは、川崎肇（高商）、長浜鉄三郎（一高）など当時俊足で鳴らした人たちをゴール前一気に抜いて、一層その名を天下に広めた。」（川本信正監修『オリンピックの事典』48頁）

＜註22＞明治37（1904）年の早大・学習院（早学）戦では、「ファアルをストライクに数える規則が初めて採用された（七月二〇日）（略）アメリカではすでに一八九五年」に規則改正されていた。「インフィールド・フライの規則ができたのもこのときであった。」（大谷『前掲書』34頁）

＜註23＞三島が初めて審判を務めた明治39年の早慶1回戦について、横田『前掲書』は「三島彌彦の球審起用が早稲田を不利にしたという説は、当時、盛んに囁かれたようだ。たとえば『早慶野球大競技』の筆者、夏木青々などは（略）厳しく責めている。まず、『投手としての三島の技倆は、大いに観るべきものがある』としながらも、審判としては未熟で（略）ルールを理解しておらず、極めて平凡な判定にさえ迷ったのは、おどろくべきことだとする。さらにボールとストライクの判定ができず、そのためカーブはすべてボールと判定してしまったという。」（96頁）と述べている。さらに、横田『前掲書』は「どちらにしても、名審判とはいえなかったことは確かなようで、第二回戦は塁審の中野と立場を交代している。」（97頁）と述べている。

＜註24＞小関『野球を歩く』は「東京朝日新聞の『野球とその害毒』キャンペーンに対抗して、東京日日新聞（現毎日新聞）は、明治44（1911）年9月5日から24日まで『学生と野球』という欄を新設、ここに春浪は東京朝日への反論を寄稿した。その投稿記事は、同じくここに掲載された安部磯雄の原稿とともに前出の『学生と野球』1冊にまとめられることになる。」（124頁）と述べている。

＜註25＞この大会が契機となり、大正13年には「東京中等学校連盟が創設され、一九二八（昭和三年四月一九日にはリーグ戦五周年記念会を開催し、約二〇〇人の中等学校の選手が集まった」（清水『前掲書』180頁）そうである。

＜引用・参考文献＞

Baker,Williams J. (1982) Sports in the Western World. Rowman and Littefield.

ベースボール・マガジン社編『東京大学野球部』（2015）

中馬庚『野球』前川文榮堂出版（1897）＜ベースボール・マガジン社復刻版＞

第一高等學校校友會編『校友會雜誌號外』（1895）

土井中照『子規の生涯』アトラス出版（2006）

『同志社大学野球部部史　前編』（1993）

『学習院大学野球部百年史』（1995）

服部喜久雄編『一高対三高野球戦史』旧一高・三高野球部有志協賛（1954）

平出隆『ベースボールの詩学』講談社（2011）

広瀬謙三『日本野球史　写真記録』日本図書センターP&S（2009）

堀内統義『恋する正岡子規』創風社出版（2013）

池井優・アメリカ野球愛好家『大リーグ観戦事典』宝島社（2001）

嘉戸脩『話題源体育』とうほう（1990）

片上雅仁『秋山真之の謎を解く』アトラス出版（2010）

神田順治『子規とベースボール』ベースボール・マガジン社（1992）

川本信正『スポーツ賛歌』岩波書店（1980）

川本信正監修『オリンピックの事典』三省堂（1984）

『慶應義塾野球部史　上巻』（1960）

城井睦夫『正岡子規ベースボールに賭けた生涯』紅書房（1996）

君島一郎『日本野球創世史』ベースボール・マガジン社（1972）
国民新聞社運動部編『日本野球史』公正閣書店（1929）
小関順二『野球を歩く』草思社（2013）
久保田正文『正岡子規』吉川弘文館（1980）
黒沢勉『病者の文学正岡子規』信山社（2003）
日下徳一『子規もうひとつの顔』朝日新聞社（2007）
楠木しげお『正岡子規ものがたり』銀の鈴社（1997）
毎日新聞社編『昭和スポーツ史』（1976）
正岡子規『松蘿玉液』岩波書店（1984）
正岡子規『筆まかせ抄』岩波書店（1985）
松尾俊治『早慶戦90年』ベースボール・マガジン社（1993）
松山中学校・松山東高校同窓会誌別冊『子規・漱石・秋山兄弟ものがたり』（年不詳）
松山東高校野球史編集会編『子規が伝えて120年』（2009）
松山市教育委員会編『伝記正岡子規』松山市立子規記念博物館友の会（2004）
松山市立子規記念博物館編『子規博館蔵名品集』（2011）
水野健次郎発行『スポーツは陸から海から大陸へ』美津濃株式会社（1973）
森まゆみ『子規の音』新潮社（2017）
「の・ボールミュージアム（野球歴史資料館）展示・パンフレット」（2013）
野見山俊雄・御影池辰雄編『向陵誌　第二巻』「一高野球部史」（1937）
大島得郎監修『近代オリンピック写真史』同胞之會（1961）

岡野進『新版　概説スポーツ』創文企画（２０１０）
岡野進『正岡子規と明治のベースボール』創文企画（２０１５）
岡野進『ベースボール・プレーヤー正岡子規』創文企画（２０１６）
大谷泰照「明治のベースボール」『92年版ベスト・エッセイ集』（311―317頁）文藝春秋（１９９２）
大谷要三『スポーツおもしろ史』ぎょうせい（１９８８）
大谷要三『近代スポーツの歴史』ぎょうせい（１９９０）
『立教大学野球部史』（２００９）
三省堂編修所編『日本人名事典』三省堂書店（１９９４）
佐竹弘靖『スポーツの源流』文化書房（２００９）
佐山和夫『日本野球はなぜベースボールを超えたのか』彩流社（２００７）
佐山和夫『野球とニューヨーク』中央公論新社（２０１１）
末延芳晴『正岡子規、従軍す』平凡社（２０１１）
関川夏生『子規、最後の八年』講談社（２０１１）
『子規全集　第11巻』改造社（１９３０）
『子規全集　別巻三　回想の子規二』講談社（１９７８）
島田明『明治維新と日米野球史』文芸社（２０１１）
清水論『甲子園野球のアルケオロジー』新評論（１９９８）
『新潮日本文化アルバム21 正岡子規』新潮社（２００５）
駿河台倶楽部編『明治大学野球部創部百年史』（２０１０）
庄野義信編著『六大学野球全集　上巻』改造社（１９３１）

高濱虚子『子規と漱石と私』永田書房（1983）
橘木俊詔『プロ野球の経済学』東洋経済新報社（2016）
高橋慶太郎編『ベースボール術』同文館（1896）
飛田穂洲『野球人国記』誠文堂（1931）
飛田忠順「球神守山」『六大学野球全集』（40頁）改造社（1991）
富永俊治『早慶戦百年　激闘と熱狂の記憶』講談社（2003）
土屋文明・五味保義『竹乃里歌』岩波書店（1976）
内田隆三『ベースボールの夢』岩波書店（2007）
和田茂樹『子規の素顔』えひめブックス（愛媛県振興財団）（1999）
『早稲田大学野球部百年史　上巻』（1950）
柳下芳史『西洋スポーツ事始め』文芸社（2016）
柳原極堂『友人子規』青葉図書（1981）
大和球士『野球五十年』時事通信社（1955）
大和球士『真説　日本野球史　明治篇』ベースボール・マガジン社（1977）
横井春野『日本野球戦史』日東書院（1932）
横田順彌『早慶戦の謎―空白の十九年』ベースボール・マガジン社（1991）
「野球殿堂博物館展示資料」（2013―2019）
野球殿堂博物館発行「The Baseball Hall of Fame and Museum 2019」（2019）
（財）日本体育協会編『指導者のためのスポーツジャーナル特別号』（2010）
（財）野球体育博物館編『野球殿堂2012』ベースボール・マガジン社（2012）

＜写真・図・表「出所」一覧＞

写真１　内田隆三『ベースボールの夢』107頁、岩波新書（２００７）
写真２　Baker,William J. :Sports in the Western World. 142頁、Bowman and Littlefield（２００７）
写真３　内田隆三『前掲書』122頁、
写真５　（上）島田明『明治維新と日米野球史』100頁、文芸社（２０１１）（下）野球殿堂博物館展示資料
写真６　庄野義信編著『六大学野球全集　上巻』９頁、改造社（１９６１）
写真８　正岡子規・粟津則雄編『筆まかせ抄』岩波書店（１９８５）
写真10　『昭和スポーツ史―オリンピック80年』20頁、毎日新聞社（１９７６）
写真11　君島一郎『日本野球創世記』85頁、ベースボール・マガジン社（１９７２）
写真12　佐山和夫『日本はなぜベースボールを超えたのか』109頁、彩流社（２００７）
写真13　野球殿堂博物館展示資料、
写真14－１　清水諭『甲子園野球のアルケオロジー』136頁、新評論（１９９８）
写真14－２　清水諭『前掲書』136頁、
写真15　小関順二『野球を歩く』70頁、草思社（２０１３）
写真16　大和球士『野球五十年』写真頁、ベースボール・マガジン社（１９５５）
写真17　大和球士『日本野球史　明治篇』写真頁、ベースボール・マガジン社（１９７７）
写真18　大和球士『前掲書』写真頁、（１９７７）
写真19　松山東高校野球史編集会編『子規が伝えて120年』28頁、（２００９）
写真20　松山東高校野球史編集会編『前掲書』35頁、
写真21－１　『近代オリンピック写眞史』（財）同胞の會（１９６４）

写真21－2　『学習院野球部百年史』（1995）
写真21－3　http://www.golferweb.jp/
図1　内田隆三『前掲書』73・74・89頁．
図2　正岡子規『松蘿玉液』35頁．岩波書店（1984）
図3　佐山和夫『前掲書』113頁．
図4　中馬庚『野球』11頁．前川文榮堂（1897）
図5　中馬庚『前掲書』12頁．
図6　中馬庚『前掲書』80－81頁．
図7　中馬庚『前掲書』2－3頁．
図8　高橋慶太郎編『ベースボール術』同文社（1896）
表2－1　『子規全集　第11巻』374頁．改造社（1930）
表4　野見山・御影池編著『向陵誌　第二巻』664頁．
表5　高橋慶太郎編『前掲書』39－40頁．

あとがき

本書はアメリカのベースボールの誕生（始まり）からの日本への伝来。そして、その後の明治期におけるベースボール・野球の発展について述べた。読者の皆さんには、今の野球が長い年月と労力をかけ、さまざまな困難を乗り越えてきたことをご理解いただけたと思う。

本書の出来映えについては、読者の皆さんに判定していただくしかないが、本書を読んでくださった皆さんが「面白かった。勉強になった。そうだったのか、そんなことがあったのか初めて知った。野球ってこんなに奥が深いのか。野球をもっと知りたい・・・」などと感じたり思ってくださったならば、著者としてうれしい限りである。また、本書が「日本や明治野球の発展史」研究の一助となるなら、誠に幸いである。

アメリカでベースボールが誕生してから175年、また日本にベースボールが伝来してから148年が経つ。これは、近代オリンピックが開始されて（2020東京五輪で）124年となるのに比べても、ベースボール・野球の歴史がいかに長いかがお分かりいただけるであろう。

ところで、昨年11月には「２０２０東京五輪（野球）」の前哨戦となる国際試合「プレミア12」が開催された。稲葉監督率いる世界ランク１位の「日本（侍ジャパン）」は実力を発揮し、決勝戦では宿敵「韓国」を5対3で破って見事初優勝した。野球ファンの一人として、著者も応援にはつい力が入った。７月29日から始まる「２０２０東京五輪」の野球でも、日本（侍ジャパン）チームの再度の活躍（金メダル）を期待したいところである。

いずれにしても、ベースボール史の中から生まれた「９人制、９イニング（回）、三振、四球、90フィート、60フィート６インチ」で戦う野球・ベースボールは、実に面白い！

皆さんには、これからも（長い歴史の中で育まれた）野球・ベースボールに、いっそう興味・関心を抱いて応援していただきたいし、大いに楽しんでいただければと思う。

最後に、本書刊行に当たって、出版社（右文書院）紹介の労を取っていただいたうえに、通読の労をとっていただき貴重な指摘をしていただいた共同通信社編集局スポーツ企画室の船原勝英氏に、心から感謝申し上げたい。

そして、本書刊行を快諾していただき、発刊に至るまで終始、適切なアドバイスをしていただいた(株)右文書院の三武義彦社長に、心から感謝申し上げる次第である。

令和２（２０２０）年１月15日

著者　岡野　進

著者紹介

岡野　進（おかの　すすむ）

- 1947年、広島県生まれ。
- 1970年、東京教育大学（現筑波大学）体育学部卒業。都立小山台高校教諭、山梨県立女子短期大学（現山梨県立大学）専任講師・助教授、明海大学経済学部助教授・教授を経て、明海大学名誉教授（2014年）。この間、中央大学法学部（2018年まで）や日本女子体育大学等の兼任講師を務めた。
- 専門は「スポーツ科学」陸上競技のトレーニング・コーチング。
- 現役時代は走幅跳選手として、日本学生選手権優勝（1968）、日本選手権2位（1975）、日中対抗陸上（北京）日本代表主将（1979）など活躍した。また長年、高校・大学陸上競技部監督・コーチとして多くの優秀選手を育成するとともに、アジア陸上選手権（1983・1987）跳躍コーチを務めた。1981 － 2012年、日本陸上競技連盟役員（選手強化委員・指導者育成副委員長・普及委員長等）を務めたほか、2009 － 2011年、日本体育協会国体委員を務めた。

＜著書＞『走幅跳・三段跳』ベースボール・マガジン社（1989）、『実践陸上競技－フィールド編』（共編著）大修館書店（1990）、『ジャンプ・トレーニング・マニュアル』ベースボール・マガジン社（1994）、『小学生の陸上競技指導教本』創文企画（1998）、『楽しいなわとび』（共編著）大修館書店（2005）、『小学生の陸上競技指導と栄養・スポーツ傷害』（編著）創文企画（2006）、『陸上競技のコーチング・指導のための実践的研究』創文企画（2009）、『新版・概説スポーツ』創文企画（2010）、『陸上運動・競技を考える基礎的研究』創文企画（2012）、『正岡子規と明治のベースボール』創文企画（2015）、『ベースボール・プレーヤー　正岡子規』創文企画（2016）ほか、共著・論文・雑誌など執筆多数。

日本野球の源流
ベースボールの誕生・伝来から明治野球の発展へ

令和二年二月二五日　印刷
令和二年三月一〇日　発行

著　者　岡野　進
装　幀　黒田　萌
発行者　三武義彦
印刷・製本　株式会社文化印刷

〒101-0062　東京都千代田区神田駿河台一―五―六
発行所　株式会社　右文書院
振替　〇〇一二〇―六―一〇九八三八
電話　〇三（三二九二）〇四六〇
FAX　〇三（三二九二）〇四二四

＊印刷・製本には万全の意を用いておりますが、万一、落丁や乱丁などの不良本が出来いたしました場合には、送料弊社負担にて責任をもってお取り替えさせていただきます。

ISBN978-4-8421-0808-7　C0075